KÖNIGS FURT

Über dieses Buch

Inspirierende Texte der Bestseller-Autoren Evelin Bürger und Johannes Fiebig zu den Themen Liebe, Glück und Erfolg.

Mit Anmerkungen zu *Aleister Crowley* und zu *Tarot und Astrologie.*

Ohne Umschweife führt dieses Buch den Leser in die spannende Welt des Tarot und befähigt ihn, darin eigene Erfahrungen zu machen. Die vielfältigen, mitunter auch gegensätzlichen Deutungen einer Karte werden nicht verschwiegen, sondern dienen als wertvolle Hinweise, mit denen der Leser selbständig arbeiten und sich seine eigene Meinung bilden kann.

Über die Autoren

Evelin Bürger, geb. 03.05.1952, und Johannes Fiebig, geb. 30.03.1953, zählen mit rund 1,4 Millionen verkaufter Bücher weltweit zu den erfolgreichsten Tarot-Autoren. Sie leben mit ihrer Familie in der Nähe von Kiel.

Bibliografische Information Der Deutschen Bibliothek
Die Deutsche Bibliothek verzeichnet diese Publikation in der Deutschen Nationalbibliografie; detaillierte bibliografische Daten sind im Internet über http://dnb.ddb.de abrufbar.

Originalausgabe
Krummwisch b. Kiel 2006

D-24796 Krummwisch
www.koenigsfurt.com · www.tarot-online.com

Texte: Unter Verwendung von Passagen aus:
Evelin Bürger/Johannes Fiebig: Tarot – Liebe, Glück, Erfolg
(mit Abbildungen aus dem Waite-Tarot, ISBN 978-3-89875-830-7)

Umschlag, Satz, Lithos: Stefan Hose, D-24357 Götheby-Holm
Printed in EU

ISBN-10: 3-89875-802-8 (Buch separat)
ISBN-13: 978-389875-802-4 (Buch separat)
ISBN-10: 3-89875-777-3 (Buch & Karten im Set)
ISBN-13: 978-389875-777-5 (Buch & Karten im Set)

Evelin Bürger / Johannes Fiebig

Crowley-Tarot

Liebe · Glück · Erfolg

Königsfurt

Die einzelnen Karten im Überblick

Inhalt

Willkommen bei Liebe, Glück und Erfolg!

Die clevere Lösung: sich selber kümmern

Sie möchten mehr Liebe erleben und sich in Ihren Beziehungen wohlfühlen? Sie wünschen sich Glück und mehr Erfolgserlebnisse? Dann sind Sie hier richtig! Tarot ist der clevere Weg: Da, wo man zunächst nicht weiterkommt, baut man sich eine Brücke. Die Symbole auf den Karten zeigen Ihnen neue Wege. Die probieren Sie aus. Und dann tun sich auch im wirklichen Leben neue Möglichkeiten auf.

Ihre Vorteile

Für Tarot brauchen Sie keine Vorkenntnisse. Es ist wie beim Jogging: Man kann sofort beginnen, sollte aber nicht am ersten Tag schon Höchstleistungen erwarten. Beim Tarot zählt einzig und allein, was auf den Karten zu sehen ist. Es gibt keine Geheimsymbole, keine Geheimsprache auf den Karten. Wer anderes behauptet, macht sich nur selber wichtig und kennt die Karten nicht wirklich. Der Vorteil beim Tarot besteht gerade darin, dass der jeweilige Betrachter zum Zuge kommt.

Die Stärke des Tarot sind die inhaltsreichen Bilder auf den Karten. Die sprechen für sich. Jedes Mal neu. Und sie wirken wie ein Spiegel – jedem Menschen zeigen sie ein Abbild seiner Gedanken und Hoffnungen, seiner Wünsche und Ängste im Augenblick.

Aberglaube – nein danke

Vielleicht haben Sie auch schon einmal dieses Kartenlegen im Fernsehen gesehen: Ein Anrufer wird zugeschaltet, und noch bevor dessen Frage richtig verklungen ist, legt der oder die Kartenleger/-in eine Menge Karten aus. Die Kamera zeigt die Auslage oft nur kurz und aus der Vogelperspektive. Und schon beginnt die freischwebende »Interpretation« der Karten: »Ich hab' hier eine Krankheitsgeschichte, Julia (oder Name XY). Kann es sein, dass du im letzten Jahr mal krank warst ...?« Dann reihen sich Belanglosigkeiten unter Selbstverständlichkeiten nach dem Motto »Kopf hoch, das wird schon wieder«.

Die Karten wirken jedoch wie ein Spiegel. Man kann mit andern, aber *nicht für andere* in den Spiegel schauen. Gegen diese Grundregel verstoßen fast alle Fernseh-Wahrsager. Mit dem wirklichen Tarot-Erleben, das allein im deutschsprachigen Raum Millionen Menschen praktizieren, hat das wenig zu tun.

Tarot, das ist schöpferische Pause, Selbstbesinnung und Neuausrichtung in einem. Jede Karte zeigt ein Bild, das uns zum Träumen und Rätseln einlädt und unserer Intuition etwas von seiner Bedeutung verrät.

Und so wird's gemacht

Man beginnt am besten mit der »Tageskarte«. Morgens oder abends wird eine Karte gezogen – als Tagesthema. Die Bedeutungen der Tageskarte sollen zunächst spontan und intuitiv erfasst werden. Später können die Interpretationen aus der Tarot-Literatur zu Rate gezogen werden.

Wenn Sie dann mehr ausprobieren möchten, wählen Sie eines der folgenden Legemuster mit mehreren Karten aus. Die folgenden beiden Auslagen eignen sich für alle Anlässe:

- Mischen Sie, wie Sie es gewohnt sind. Halten Sie die Bilder verdeckt, d. h. nach unten gerichtet, und ziehen Sie dann, mit Entspannung und Konzentration, nacheinander drei Karten.
- Legen Sie die Karten verdeckt in Reihenfolge des Legemusters vor sich hin.
- Die Karten werden nun *einzeln* aufgedeckt.
- Alle drei Karten *zusammen* zeigen Ihnen Ihre Botschaft des Tarot.

Legemuster

»Zwei Auslagen für alle Fälle«

1 – Aktuelle Situation
2 – Vergangenheit oder das, was schon da ist
3 – Zukunft oder das, was neu zu beachten ist

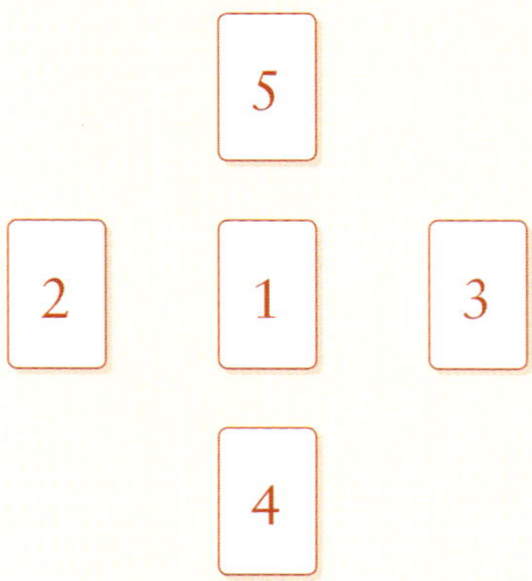

1 – Schlüssel oder Hauptaspekt
2 – Vergangenheit oder das, was schon da ist
3 – Zukunft oder das, was neu zu beachten ist
4 – Wurzel oder Basis
5 – Krone, Chance, Tendenz

Liebe

»Liebesdinge«

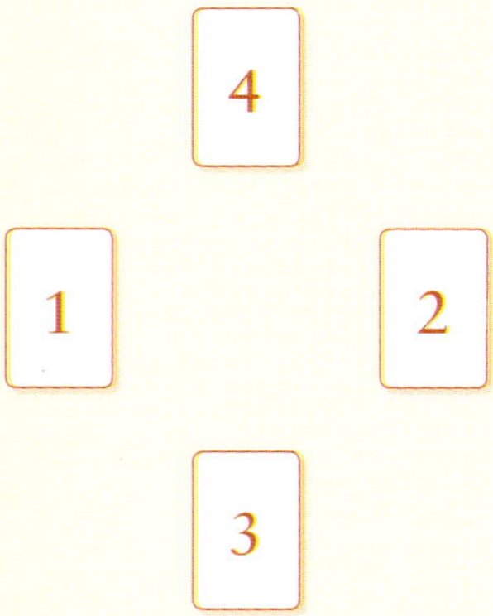

1 – Die eigenen Gefühle
2 – Die Gefühle der/des anderen
3 – Aufgaben und Chancen
4 – Entwicklung/Tendenz

»Beziehungs-Weise«

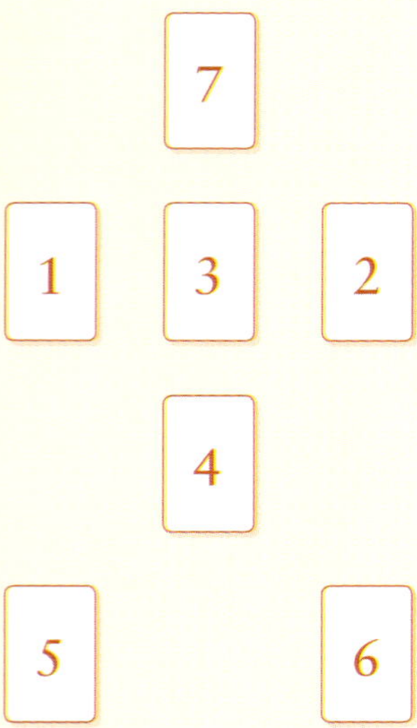

1 – Mein/e Partner/-in
2 – Ich
3 – Eine verbindende Kraft
4 – Die gemeinsame Basis
5 – Die Quellen der Partnerin/ des Partners
6 – Meine Quellen
7 – Brennpunkt, Gemeinsames Ziel

Glück

»Mut zur Lücke«

1 – Das ist möglich
2 – Das ist wichtig
3 – Das ist mutig
4 – Das ist nichtig
5 – Das ist nötig
6 – Das ist heiter
7 – Das ist witzig
8 – Das führt weiter

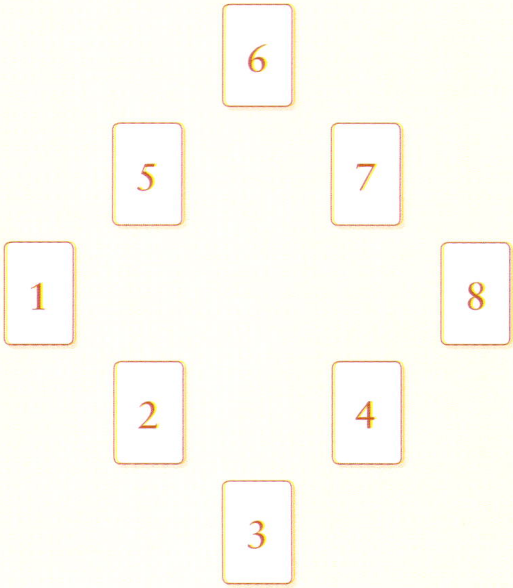

»Gipfel des Glücks«

1 – Das werden Sie los
2 – Das erreichen Sie
3 – Das kommt mit
4 – Das bringt Ihnen Glück
5 – Das tritt Ihnen
noch entgegen
6 – Diese Lösung bringt
Ihnen Segen

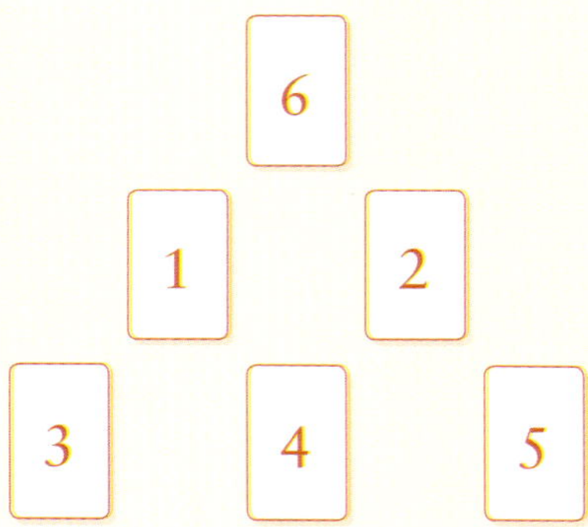

Erfolg

»Erfolgs-Orakel«

1 – Wie bin ich?
2 – Was brauche ich?
3 – Wie bekomme ich es?

»Der Weg zum Erfolg«

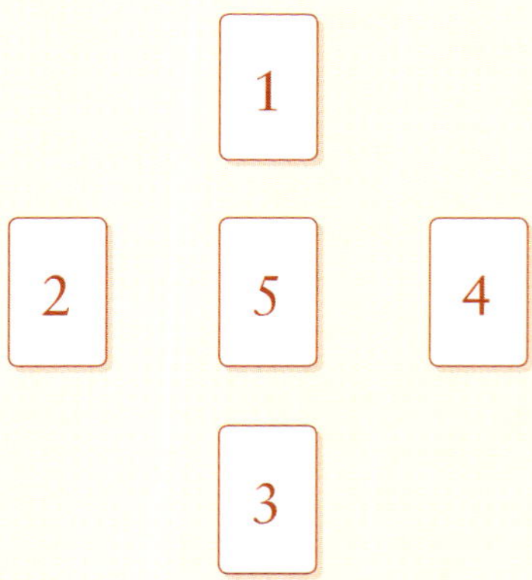

1 – Wo Sie stehen
2 – Ihre Aufgaben
3 – Ihre Schwierigkeiten
4 – Welche Einstellung Ihnen weiterhilft
5 – Das Ergebnis der Bemühungen

Deutungstipps für jede Karte

Große Arkana / Trumpfkarten

Ein Hinweis zu den speziellen Unterzeilen auf den Crowley-Karten:
Diese Bildunterschriften können Sie vergessen!

Die ersten Tarot-Karten stammen aus der Renaissancezeit (15. Jh.), und diese besaßen weder Titel noch Zahlen. Die Bilder und Symbole – und nichts anderes – sind die erste und bis heute die letzte Instanz beim Tarot-Kartenlegen. Die folgenden Tipps und Deutungen möchten Ihnen helfen, die Sprache der Bilder und Symbole für sich zu erschließen.

Im Laufe der Jahrhunderte haben sich dann Standardbezeichnungen wie »Der Magier« oder »Die Hohepriesterin« eingebürgert, die heute auf fast allen Tarot-Sorten zu finden sind, so auch im Crowley-Tarot. Manche traditionelle Bezeichnung ist im Crowley-Tarot etwas umformuliert worden, zum Beispiel heißt die »Gerechtigkeit« hier »Ausgleichung«, die traditionelle »Mäßigkeit« heißt »Kunst«, das »Gericht« wiederum »Das Äon«. So weit, so gut.

Aber die zusätzlichen Untertitel wie »Erfolg« oder »Vergeblichkeit« im Crowley-Tarot (auf den Zahlenkarten bei den Stäben, Kelchen, Schwertern und Scheiben anzutreffen) sind eine eher verdunkelnde als erhellende Zutat. Sie wurden außerdem öfters etwas verkürzt ins Deutsche übersetzt. Das englische »futility« bedeutet zum Beispiel viel mehr als nur »Vergeblichkeit«.

Diese Bildunterschriften wie »Erfolg« oder »Vergeblichkeit« sind also willkürlich und als alleinige Deutung der betreffenden Karte vollkommen irreführend. Denn damit wird – im besten Fall – nur ein Aspekt aus dem großen Bedeutungsspektrum der Karte herausgegriffen.

Clevere Leser wissen außerdem, dass man jeden Untertitel in mindestens zwei Richtungen verstehen kann: Da steht dann »Erfolg« oder »Vergeblichkeit« – aber worauf bezieht sich das? Werden die eigenen Hoffnungen vergeblich sein oder die Widerstände, die bisher dagegen standen?

Es empfiehlt sich daher, die Untertitel im Tarot von Crowley und Harris mit Korrekturband oder ähnlichem zu überkleben, damit der Blick beim Aufdecken der Karte tatsächlich auf den Inhalt des Bildes und nicht auf die Unterzeile fällt.

Man kann sich auch so behelfen, dass man beim Aufdecken der Karte im wahrsten Sinne des Wortes den Daumen auf den Untertitel hält!

Viel Freude mit Tarot!
Evelin Bürger & Johannes Fiebig

DER MAGIER

Schau dich um. Die »magischen Werkzeuge« bieten sich dir an: Kelch, Pentakel-Münze, Fackel und Schwert. Da liegen neue Möglichkeiten in der Luft. Was kannst du, was fehlt dir, was möchtest du gerne ausprobieren? Sag nicht vorschnell: Das oder das kann *ich* doch nicht. Du bist mit universellen Gaben ausgestattet. Der Zauberstab steht für deine Bereitschaft, dich und deine Möglichkeiten in ihrem ganzen Spektrum zu erfahren. »Der Magier« symbolisiert den *Zauberer*, der in uns allen steckt. Magie, die »Möglichkeit des Unmöglichen«, besteht darin, mit dem Kosmos, mit Gott und der Welt eins zu sein.

Die Zahl *Eins* ist unter den Zahlen, die im Tarot vorkommen, nicht teilbar. »Unteilbar« aber heißt lateinisch *individuum*. Als Magier/-in gelingen dir auf deinem Lebensweg einzigartige Wunder, die für dich einfach und natürlich sind. So wie andere Menschen auf ihrem individuellen Weg Zauberstücke vollbringen, die für dich immer unerreichbar bleiben werden, weil deren Weg nicht deiner ist.

»Gehe nicht in den Fußstapfen der Meister. Suche, was sie suchten« (Zen-Spruch). Baue auf deine Einmaligkeit – deinen Charme, deinen Witz und deinen Erfindungsgeist.

LIEBE Wenn du verliebt bist, spürst du den Zauber, der in dir lebt. Und wenn du dich verlieben willst, musst du den Zauber in dir »nur« wieder wachrufen.

GLÜCK Du bist ein ganz besonderer Mensch! Sei unbesorgt: Deine ganz persönlichen Chancen kann dir keiner wegnehmen! Sie bieten sich dir allein.

ERFOLG Mach dich nicht zum Affen. Der Schlüssel zum Erfolg liegt in Geistesgegenwart und persönlicher Präsenz!

DIE HOHEPRIESTERIN

Da sitzt sie ernst, würdig, geheimnisvoll und weiß Bescheid. Die Hohepriesterin war einst die Eingeweihte, das Orakel, das man um Rat und Hilfe ersuchen konnte. Die Karte kann mitunter raten, professionellen Rat zu holen. Grundsätzlich kannst und musst du dir jedoch selber helfen. Du befindest dich mitten in den Widersprüchen des Lebens, und das ist gut so!

Lebe dein Leben. Wenn du wissen willst, was für dich stimmt und was zu tun ist, werte deine Erfahrungen aus: Schau dir deine Erlebnisse an, lerne von fremden Lebenserfahrungen, aus Büchern und Erzählungen. Verbinde dich mit allem, und dann geh nach innen, bilde dir eine eigene Meinung.

Finde die Mittel, die dir helfen, die innere Stimme zu verstehen: zum Beispiel Tarot-Karten oder Meditationen, Traumdeutung oder Tagebuchschreiben. Lerne, deine Gefühle, Träume und Ahnungen zu deuten. Nimm sie ernst, aber nicht für bare Münze. Fasse den Mut, nach deinen Werten zu leben. Einmal geht es darum, dich abzugrenzen, die Privatsphäre zu schützen. Ein anderes Mal geht es um die Öffnung der Mauern nach außen, um den Austausch der Gefühle.

LIEBE Allgemeine Ratschläge helfen nicht. Es ist dein Leben, und du sollst dessen Früchte erkennen und genießen. Du darfst weinen, lachen, schreien und singen. Bleib dir treu.

GLÜCK Das Glück des Eigen-Sinns: Begrabe fruchtlosen Eigensinn, und du findest den *Sinn des Eigenen*, den eigenen Sinn!

ERFOLG Schaffe Netzwerke, ohne dich zu verstricken. Arbeite mit vielen zusammen und bewahre das Eigene. Der Schlüssel zum Erfolg: die selbständige Orientierung. Die eigene Meinung.

DIE KAISERIN

Die Karte der Venus – der Göttin der Liebe und der Schönheit. Die sprichwörtliche Unwiderstehlichkeit der Venus besteht in ihrer *Natürlichkeit*, in ihrer Emotionalität, in einer Bewegtheit, bei der Innen und Außen eine untrennbare Einheit bilden. Diese *Weiblichkeit* zu leben, ist nicht nur für Frauen ein Thema, sondern auch für Männer.

Setze dich mit deinen Erfahrungen und Vorstellungen von Fraulichkeit auseinander. Sei zu dir und zu anderen wie eine gute Freundin, Frau, Tochter oder Mutter.

Wie jeder Mensch verkörperst du eine bestimmte Wahrheit, die dich auszeichnet und krönt. Spare dir jede künstliche Profilierung. Mache deine Emotionen fruchtbar; vertritt und verkörpere deine persönliche Natur! Tritt für die Personen und die Ziele ein, die du liebst! Lass dich nicht von äußeren Pflichten bestimmen. Erledige sie, aber achte auf deine Verantwortung und auf dein Wohlergehen.

Lass deiner schöpferischen Kraft freien Lauf. Es ist eine Frage des Lebensgenusses und der alltäglichen Erotik. Es geht darum, dass du dir nahe bist, dir nichts vormachst und das Leben mit Liebe und Leidenschaft annimmst, erlebst und weitergibst.

LIEBE Wenn du liebst und geliebt wirst, blüht deine Natur auf. Wo Sinn und Sinne ihre Chance erhalten, da wächst die Liebe und mit ihr die Schönheit des Daseins. Unterstütze deine Lieben. Mach es dir behaglich!

GLÜCK Kämpfe um dein Glück ohne Verbissenheit und ohne Gleichgültigkeit. Sprich deine Mitmenschen in Respekt an, du wirst vieles bewegen und reiche Früchte ernten.

ERFOLG Der Schlüssel zum Erfolg: Natürlichkeit und Wohlbehagen. Lass es zu dir fließen.

DER KAISER

Du hast die Macht, und das ist nicht schlimm ... »Der Kaiser« ist die Kraft in uns allen, die neue Lebensmöglichkeiten erkundet. Für den Widder (schau auf die Widderköpfe am Zepter und hinter dem Thron) stellt die Geburt nicht nur einen Anfang dar, der als solcher vorübergehend bleibt. Vielmehr stellt es sein *Lebensprinzip* dar, der oder die Erste zu sein, Neuland zu betreten und urbar zu machen.

Du bist der Herr deines Tuns. Du stehst in der Verantwortung und der Freiheit, dich selber zu organisieren und zu regieren. Diese gilt natürlich nicht nur für Männer, sondern auch für Frauen! Überprüfe dein Bild von Männlichkeit. Hüte und schütze dich vor Egoismus und vor Selbstlosigkeit. Probiere es aus, dir selber der Freund, der Mann, der Sohn und der Vater zu sein, den du dir wünschen würdest. Sich selbst zu regieren, heißt, sich selbst zu entdecken. Wage und genieße es, selbständig, ohne Vorbild und in eigenem Auftrag zu handeln. Trau dich!

LIEBE Auch in der Liebe brauchst du *Macht* – das Vermögen, etwas tatsächlich zu bewirken. Sie ist eine Frage deiner Bereitschaft, dich zu engagieren und über Grenzen hinwegzugehen. Wenn du deine Energie und deinen Willen konzentrierst, kannst du Berge versetzen.

GLÜCK Du bist am unwiderstehlichsten, wenn du aus dir heraus handelst und weder halbe Sachen noch irgendetwas Aufgesetztes machst. Setz deine persönliche Macht ein. »In jedem von uns steckt ein König. Sprich zu ihm, und er wird hervorkommen« (skandinavisches Sprichwort).

ERFOLG Der Schlüssel zum Erfolg: Pioniergeist. Du kannst es, nur Mut.

DER HOHEPRIESTER

Auch in dir steckt ein Priester. Du bist zuständig für (deine) Glaubensfragen. Du hast etwas zu sagen, mitzuteilen. Du trägst einen einmaligen Schatz von Erlebnissen und Erkenntnissen in dir, von dem andere profitieren können. Du kannst niemanden bekehren oder überzeugen, sich zu ändern. Alle entscheiden letztlich aufgrund ihrer eigenen Erfahrung. Sei (dennoch) großzügig und zeig deine Schätze. Mit allem, was du tust oder lässt, bist du immer auch Orientierung und Bezugspunkt für andere. Jeder ist Lehrer für jeden. Äußere dich also, und profitiere von den Erfahrungen der anderen.

Diese Karte ist als Aufforderung zu verstehen, dich in Glaubensfragen *selbständig* zu machen. Was einst die Aufgabe der Priester und Hohepriester war, ist heute Thema für uns alle: Wie finden wir persönliche Antworten für die großen und kleinen Geheimnisse des Lebens? Wie organisieren wir entsprechende Feste und Feierlichkeiten? Du findest deine Lösung, wenn du andere in deine Geheimnisse einweihst und wenn du dich von anderen in deren Zusammenhänge einführen lässt. So erwächst Verständnis – und ein Glaube, der nicht auf Dogma oder blindem Vertrauen beruht, sondern auf Erfahrung.

LIEBE Weihe andere in deine Pläne und Absichten ein. Und bleib offen für das, was andere dir zu sagen haben.

GLÜCK Der Tempel der Begegnung ist überall. Überall findet gegenseitiges Lernen und Lehren statt. Es ist wichtig, dass du dich mit Vorbildern und Autoritäten auseinander setzt, ohne Überheblichkeit und mit einem guten Selbstwertgefühl.

ERFOLG Der Schlüssel zum Erfolg: die eigene Kompetenz. Du kannst Ratgeber und Vorbild für andere sein.

DIE LIEBENDEN

Der Engel schwebt über den Liebenden, den Königskindern, die ihre Gemeinsamkeiten und ihre Unterschiede entdecken. Nicht erst durch die Partnerin oder den Partner bist du stark und erreichst die Gipfel, auf denen du »mit Engeln reden« kannst. Wenn du die Erfüllung deiner Wünsche und Leidenschaften von anderen erwartest, machst du dich abhängig und hinderst dich zugleich, dich auf tiefere, gleichberechtigte Beziehungen und Begegnungen einzulassen.

Auf den ersten Blick eine Karte der Idylle. Dabei sind im Bild auch verschiedene Schattenseiten enthalten. Die Schattenseiten aufzuklären, ist der schöne, anspruchsvolle Weg der Liebe. Paracelsus lehrte: »Je mehr Erkenntnis einem Ding innewohnt, desto größer ist die Liebe«.

LIEBE Du bist eine liebevolle und liebenswerte Person. Sag »Ja« zu dir und zu deinem Nächsten. Deine Beziehungen zu anderen und die Beziehung zu dir sind wie zwei Seiten einer Medaille. Gib nicht anderen die Schuld für dein Glück oder dein Unglück. Du bist immer frei, dich neu zu entscheiden! Wann hast du deine letzte Liebeserklärung gemacht: an dich selbst – an andere?

GLÜCK Aus himmlischer Sicht *lebt nur, wer liebt*. Liebe ist nicht nur ein Gefühl. Liebe ist auch die Entscheidung, sich zu kümmern und einem Menschen oder einem Ding wirklich zu begegnen. Liebe ist ein Energiezustand, eine Daseinsweise, die schöner, lebendiger und reicher ist als ein Leben ohne Liebe – und deshalb ein direkter Weg ins Glück. Gib dir Zeit für die Liebe.

ERFOLG Der Schlüssel zum Erfolg: Ein neues Paradies erwartet dich! Begib dich sofort dorthin! Gehe den Weg der Suche und der Erkenntnis!

DER WAGEN

Der »Wagen« besagt, du darfst etwas *wagen.* Die Ritterrüstung ist die harte Schale – und der Inhalt des großen Kelches oder der Schüssel in der Bildmitte der weiche Kern. Ein bewusstes, bewegliches Ich entsteht aus der Verbindung von Abgrenzung (Rüstung) und Offenheit (der geöffnete Kelch). Ein waches Ich entwickelt sich durch Er-fahr-ungen. Man muss sich bewegen, er-fahren und etwas »wagen«.

Die Sphinxen ziehen den Wagen nicht, sie liegen nur davor. Die Rätsel von heute bereiten den Weg von morgen. Deinen eigenen, wirklich passenden Weg findest du, wenn du den »Weg der Wünsche« gehst. Der eröffnet sich durch die Fragen: Welche Wünsche sind sinnvoll und welche nicht? Welche Ängste sind berechtigt und welche nicht? Solange du danach suchst und die gefundenen Antworten praktizierst, lohnt sich alles, was du tust, auch wenn es vielleicht mit Mühen oder Umwegen verbunden ist. Umgekehrt bleiben auch die schönsten Errungenschaften *wertlos,* wenn sie dir auf dem Weg der Wünsche nicht weiterhelfen.

LIEBE Nimm dich und deine Nächsten mit Stärken und Schwächen, auch mit allen Unvollkommenheiten und Rätseln an. Doch schütze dich vor Menschen, die ihre Widersprüche nicht sehen wollen oder können.

GLÜCK Der Weg der Wünsche ist der Weg der Erfüllung sinnvoller Wünsche und der Aufhebung unberechtigter Ängste – der beste Weg zum und im Glück!

ERFOLG Der Schlüssel zum Erfolg: Sei stark und fair in der Auseinandersetzung mit dir und anderen.

AUSGLEICHUNG

Vage und extravagante Gefühle, Gedanken und Empfindungen. Werde zum Manager oder zur Dirigentin vieler unterschiedlicher, gleichzeitiger Energien, Kräfte und Aufgaben. Das gelingt dir, wenn du Widersprüche nutzt und aufhebst. Setze dich mit Argumenten und Gegenargumenten auseinander und ziehe die Summe daraus.

Es geht um nicht weniger als darum, im Moment als ganzer Mensch anwesend zu sein! Spar dir jede Theatralik, sammle deine Kräfte und trenne dich von Ballast und Gerümpel!

Oft glauben wir, wir hätten zu wenig Kraft, müssten Energien und Anerkennung tanken wie eine leer gewordene Batterie. Doch unsere Lebensenergie ist immer vorhanden, sie ist nur wie die Sonne manchmal hinter Wolken versteckt. Nimm Konflikte und Aufgaben als Herausforderungen, mit denen du spielerisch-kämpferisch umgehst. Sie sind immer auch Bestätigungen und Anregungen, in denen ein großes Potenzial steckt. Und gerade das ist die Nahrung, die dein Selbstbewusstsein braucht. Mut zur Kritik, Mut zum Lob sind also gefordert, besonders aber die Bereitschaft, genauer zu unterscheiden, was du annimmst und was du ablehnst.

LIEBE Verstecke deine Gefühle nicht hinter Vernunftgründen! Vertritt deine Überzeugung freundlich und konsequent! Wer zufrieden ist, kann Frieden schaffen.

GLÜCK Es ist besser, danach zu forschen, wie sich vorhandene Stärken einsetzen lassen, als darauf zu achten, wie sich vorhandene Schwächen am besten kritisieren ließen!

ERFOLG Stütze dich auf die vitalen Bedürfnisse (von Kopf und Bauch) bei allen Beteiligten. Und: Etwas zu erreichen, bedeutet auch, es als Eigenes zu begreifen.

DER EREMIT

Du hältst dein Licht bereit und leuchtest dein Umfeld aus. Die Karte steht für die notwendigen Phasen des bewussten Alleinseins, der Meditation, der Versenkung in eine praktische Arbeit oder des Fastens. Zurückgezogenheit, Stille und Besinnung sind nicht nur etwas für schlechte Zeiten. Sie sind Mittel der Konzentration, der Selbsterfahrung und Beruhigung, die du für deine Entwicklung brauchst.

Dabei sind Suchen und Finden nicht unbedingt dasselbe. Achte darauf, dass du ankommst. Vergiss das Finden nicht. Fang bei dir an. In vielen Fällen gilt das Wort von Franz von Assisi: »Was du suchst, ist das, was sucht.«

Schließlich signalisiert dir die Karte ein höheres Maß an Verantwortung und Bereinigung. Löse Schulden ab – im materiellen und im moralischen Bereich. Säe und ernte. Vermehre den Wohlstand und das Wohlbehagen für dich und deine Mitmenschen.

LIEBE »Wenn ich an einem anderen Menschen hänge, weil ich nicht auf eigenen Füßen stehen kann, kann er vielleicht mein Lebensretter sein, aber unsere Beziehung ist keine Liebe. Paradoxerweise ist die Fähigkeit, allein sein zu können, die Vorbedingung für die Fähigkeit zu lieben« (Erich Fromm).

GLÜCK »Der Eremit« verkörpert einen Menschen, der zur richtigen Zeit seine Probleme löst und seine Aufgaben erledigt, ohne etwas unter den Teppich zu kehren. Auch du hast die Möglichkeit, dich und die Welt ein Stück weit heiler zu machen. Bring mit der Laterne Licht in die Sache und gönne dir den Mut, genau hinzuschauen.

ERFOLG Der Schlüssel zum Erfolg: Komm mit dir ins Reine und besinne dich auf deinen Kern!

GLÜCK

Du schaust auf das Karussell des Lebens. Deine Erfahrungen fließen zu einem eigenen Weltbild zusammen. Du bewahrst dir die Fähigkeit, die Welt weiter zu entdecken, dich zu wundern und zu staunen. Auch wenn sich alles dreht und deine bisherigen Erfahrungen sich umkehren: Du findest den Überblick, das Ganze wieder. Du kennst deine Geschichte und deinen Zusammenhang, wie die Sphinx auf dem großen Rad. Ziehe eine Summe aus deinen Erfahrungen.

Die Karte zeigt insgesamt *zwei Räder* (eines senkrecht in der Mitte und eines waagerecht im Bild oben). Das *persönliche* Lebensrad und das Rad des *Schicksals* greifen wie zwei Zahnräder ineinander. Manchmal knirscht es; das eine Rad will nicht so wie das andere. Manchmal greift jedoch von den beiden Rädern das eine so passend in das andere, dass du dich beglückt und glücklich fühlst. »Glück ist Talent für das Schicksal« (Novalis)! Nimm Anteil am Weltgeschehen, und die Welt wird Anteil an dir nehmen!

LIEBE Eine falsche Romantik fördert Illusionen – übertriebene Großzügigkeit, aber auch übertriebene Hilflosigkeit. Du musst auf der Bildfläche erscheinen, dann kannst du die Fäden in die Hand nehmen.

GLÜCK Dir bieten sich größere Möglichkeiten. In der Anerkennung der Tatsachen findest du die größte Unterstützung. Bist du bereit, deine Tatsachen anzuerkennen?

ERFOLG Der Schlüssel zum Erfolg: Die beiden Fähigkeiten, die Dinge des Lebens ohne Scheuklappen zu betrachten *und* herauszufinden, was du wirklich willst, hängen auf eine besondere Art miteinander zusammen. Jetzt ist die Zeit reif für größere Zusammenhänge und bessere Lösungen!

LUST

Was fällt dir zu Lust, Sexualität und Geschlechtlichkeit, Hingabe und Entzückung ein? Hier geht es um ganz persönliche Dinge.

Und zugleich ist dieses Bild auch ein Symbol, ein Sinnbild. Lust ist eine Umschreibung für den Selbstzweck der Sexualität. Dahinter steht die Sexualität als Hinweis auf die Lebensgeheimnisse insgesamt, Lebensgeheimnisse wie Geburt, Hoch-Zeit und Tod, die stets auch mit Geschlechtlichkeit, Körperlichkeit und Nacktheit, sozusagen purem Leben verbunden sind.

Die Sexualität und ihr Höhepunkt sind außerdem ein Beispiel, eine Metapher dafür, wie wir *in jedem Bereich des Lebens* die gesamte persönliche Kraft im Brennpunkt des jeweiligen Augenblicks konzentrieren können. Wie sagte der selige Wolfgang Neuss: »Was ist besser als ein Orgasmus? Immer einen haben!«

Die *Lebensmitte* ist eben nicht nur eine Zeit- oder Altersangabe. Sie bezeichnet auch das Herz, den Fokus, die Mitte der Lebendigkeit. Diese Lebensmitte als Leitlinie ist der Weg der Liebe, der Lust und der Verbundenheit mit allen Energien in und außerhalb der eigenen Person.

LIEBE Entscheide dich für die Lust als Daseinszustand. So wirkst du mit an etwas und wirst Teil von etwas, das größer ist als du. Hüte und schütze dich vor sinnlosen Idealen und vor Zumutungen im Namen von Lust und Liebe. Gib der Lebenslust eine neue Chance.

GLÜCK Liebe deinen Nächsten wie dich selbst. Ja! Du darfst dich selbst lieben! Das ist nicht verboten!

ERFOLG Der Schlüssel zum Erfolg: »Liebe in jeder Beziehung.« Die Liebe zur Schöpfung und allem Lebendigen ist das Größte.

DER GEHÄNGTE

Kopfüber sieht die Welt ganz anders aus ... Der Gehängte besitzt einen klaren und eindeutigen Standpunkt. Nur dass sein Bezugspunkt nicht die Erde, sondern die himmlische, transzendente Perspektive ist. Der Himmel symbolisiert die spirituelle Seite des Lebens. Und es gilt auch: »Des Menschen Wille ist sein Himmelreich.«

Nutze die aktuellen Fragen, um deine Glaubenssätze zu prüfen. Versuche auch einmal, die *gegenteilige* Position einzunehmen oder zu verstehen. Spiele nicht den Märtyrer und lass es nicht zu, dass ein gewisses Leid verherrlicht wird. Untersuche den Anhaltspunkt, den du für deinen Glauben und dein Vertrauen besitzt. Wenn du aber deinen Glauben geprüft hast, scheue dich nicht, dich ihm restlos anzuvertrauen: Ein sinnvoller Glaube und eine bewusste Passion sind das Höchste der Gefühle!

LIEBE Die XII beinhaltet unter anderem zweimal die VI, also »Die Liebenden« doppelt – mit all ihren Stärken und Schwächen. Es ist die Karte der *Passion*. Sie warnt vor unangemessenen Leidensgeschichten. Und sie ermuntert zu großen Leidenschaften, zu einer vollkommenen Hingabe an die Liebe.

GLÜCK Du siehst die Welt mit neuen Augen. Auch das Gegenteil deiner bisherigen oder üblichen Sicht ist wahr. Du erfährst eine neue Dimension, die auf den ersten Blick verrückt erscheint. Es ist ein Prozess des Ganz- oder Heilwerdens. Du spürst dich auf neue Art. Es ist eine intensivere, gesteigerte Bewusstheit, und du blickst in eine alternative, umfassendere Wirklichkeit.

ERFOLG Der Schlüssel zum Erfolg: ein Bewusstseinswandel. Und es ist o. k., sich mal hängen zu lassen.

TOD

Der Sensenmann! Er wirkt erschreckend, aber er ist nicht nur negativ, sondern auch eine positive Kraft. Du beendest, was überlebt ist, und trennst dich von Altem, Überholtem. Du erfährst eine Reinigung und Klärung deiner Wünsche und Ängste. Und du gewinnst eine neue Offenheit. Wenn du durch diesen Prozess hindurchgehst, schaffst du Platz für neue Möglichkeiten und einen neuen Sonnenaufgang.

Die Trauer über Tod und Verlust ist unvermeidlich. Doch die grausamen Ängste eines verdrängten Todes sind unnötig und unwürdig. Man kann tot sein, lange bevor man stirbt. Und man kann leben, lange nachdem man gestorben ist!

So oder so bedeutet der Tod nicht Nichts: Der Sensenmann will etwas ernten! Das ist der Beruf des Schnitters, über den auch sein martialisches Aussehen nicht hinwegtäuschen kann. Trenne dich von dem, was leblos ist, und behalte, was lebt. Stelle fest, was jetzt reif zur Ernte ist, und wo du umgekehrt Platz schaffen solltest für eine neue Aussaat. Die Karte spricht auch deine »positive Aggression« an, die Kraft, notwendige und einschneidende Veränderungen selber vorzunehmen. Deine aggressiven Impulse werden erst dann gefährlich, wenn du sie zu leugnen versuchst.

LIEBE Schaffe Platz für Neues, für neue Möglichkeiten und einen neuen Sonnenaufgang. Du kannst deine Kraft und deine Macht *nicht gegen andere*, sondern *nur für dich* entwickeln.

GLÜCK »Und solang du das nicht hast,/ Dieses: Stirb und werde!/ Bist du nur ein trüber Gast/ Auf der dunklen Erde« (Johann Wolfgang von Goethe).

ERFOLG Der Schlüssel zum Erfolg: »positive Aggressionen« – für sinnvolle Änderungen kämpfen.

KUNST

Du bist ein (Lebens-) Künstler. Die Karte zeigt ein Feuerwerk der Schöpfung, lustvolle Verwandlungen. Sie handelt von großer Versöhnung, von der Einheit der Gegensätze. Aber *auch* von einer inneren Spaltung, wo »die linke Hand nicht weiß, was die rechte tut«, von einem Menschen mit zwei Gesichtern, die einander fremd bleiben ... ein wahres »Fegefeuer«.

Der lateinische Spruch lautet: *Visita interiora terrae rectificando invenies occultum lapidem*. Dieser Spruch wird nach seinen Anfangsbuchstaben auch die VITRIOL-Formel genannt und besagt: *Besuche die inneren Bereiche der Erde, wenn du es richtig machst, wirst du den verborgenen Stein finden*. Der verborgene Stein ist der »Stein der Weisen« – ein Begriff aus der Alchemie, der im persönlichen Erleben etwa dasselbe bedeutet wie *der wahre Wille!* Und um nichts Geringeres geht es hier: Um einen eigenen Lebensentwurf, um passende Aufgaben, die dich deinem »wahren Willen« näher bringen und Wunsch und Wirklichkeit kunstvoll vereinen.

LIEBE Durch dein Tun schaffst du neue Tat-sachen – und erschaffst dich selber immer wieder neu. Es ist wichtig, den Partner/die Partnerin behutsam, aber ohne falsche Kompromisse daran teilhaben zu lassen.

GLÜCK Großes Werk – großes Glück: Mach aus deinem Leben ein großes Werk, ein *Gesamtkunstwerk* aus Aufgaben und Hindernissen, Erfolgen und Experimenten. Die schöpferische Kraft führt dich zu deinen Wurzeln und verbindet dich mit dem Absoluten. Sie ist so intim, so persönlich wie die Liebe.

ERFOLG Der Schlüssel zum Erfolg: deine Kreativität, deine Verwandlungs- und Schöpfungskraft.

DER TEUFEL

Der Blick in die »Hölle«: Du begegnest dem »Teufel«. Aber Achtung – Vorurteile können falsche Urteile sein. Das spontane Gefühl ist bei dieser Karte oftmals überfordert. Lass dich nicht verteufeln und mache andere nicht zum Sündenbock. Jetzt bietet sich die Chance, ein paar alte »Hörner« abzustoßen. Der »Teufel« symbolisiert ein Stück ungestaltete Natur. Er verkörpert Dinge und Vorgänge, die zuvor unterschwellig vorhanden waren. Jetzt treten sie über die Schwelle.

Auf der einen Seite stellt der »Teufel« einen *Vampir* dar. Eine wirkliche Belästigung, womit wir uns und anderen das Leben schwer machen. Davor fürchten wir uns zu Recht, und diesen Teil des Schattens können wir jetzt loswerden, weil wir ihn erkennen.

Auf der ganz anderen Seite verkörpert der »Teufel« ein *Kellerkind*. Das ist ein Teil von uns, den wir bisher stiefmütterlich oder stiefväterlich behandelt haben, obwohl wir eine Sehnsucht nach ihm empfanden. Diesen können wir jetzt heimholen. Wenn wir Licht ins Dunkle bringen, zerfällt der Vampir zu Staub, und das Kellerkind gewinnt Form und Farbe.

LIEBE Bestätigung und Bewährungsprobe für die Liebe. Lass dich nicht ins Bockshorn jagen. Gib dem Unbekannten einen Raum. Es ist wichtig, chaotische Gefühle und chaotische Geschehnisse anzuerkennen!

GLÜCK Sinnlose Tabus können nun abgeschafft, sinnvolle Tabus können bestätigt oder eingerichtet werden! Nur Mut, du kannst die alten Ketten ablegen.

ERFOLG Der Schlüssel zum Erfolg: Mach dich von Vorurteilen frei. Fasse den Mut, Talente und Tabus neu zu definieren. Bringe Licht ins Dunkel, und du findest neue Schätze.

DER TURM

Der Turmbau zu Babel und sein Gegenteil – das Pfingstereignis: Der »Heilige Geist« (s. Taube mit Palmzweig) kommt in Gestalt von Feuerzungen auf die Jünger herab, diese beginnen zu reden, und jeder hört sie in seiner Muttersprache. Statt Sprachverwirrung kommt es zu einer Aufhebung der Sprach- und Verständigungsgrenzen.

Babel und Pfingsten – zwei gegensätzliche Pole. Beide nutzen die höchsten Energien, die wir kennen. Zwei völlig verschiedene Arten, »aus dem Häuschen« zu geraten. Gewalt zerstört und führt zu Sprachlosigkeit und Verwirrung. Liebe dagegen hebt nicht nur die Sprachbarrieren auf, sie ermöglicht eine Verständigung über alle Grenzen hinweg.

Riskiere mehr Direktheit! Setze deine ganze Energie ein! Du schützt und hütest dich umso besser vor gewaltsamen und lieblosen Zumutungen, je bewusster und beherzter du selber mit starken und stärksten Energien umgehst. Lass dich ein! Manchmal ist das Gewitter eines Streits, einer Trennung oder einer Kündigung angezeigt; manchmal das Feuerwerk einer neuen Liebe, der Durchbruch zu neuen Erfolgen und das Erlebnis ungekannter Höhepunkte.

LIEBE Riskiere Offenheit und Direktheit! Nimm es als ein Experiment, dem du mit Vertrauen, Zuversicht und der Bereitschaft, zu überraschen und überrascht zu werden, folgst. Mach die Augen auf!

GLÜCK Große Energie wird freigesetzt, wenn du zu dem vorstößt, was du eigentlich willst. »Der Ausverkauf von Göttern steht an, wenn du dich für dich entschieden hast« (Ina Deter).

ERFOLG Der Schlüssel zum Erfolg: Lerne, den »Tiger zu reiten«. So oder so tritt etwas Absolutes in dein Leben. Bist du dafür bereit?

DER STERN

Er leuchtet über einer Frau, die aus dem Vollen schöpft. Der »Stern« ist ein Inbegriff unserer Hoffnungen, aber auch jener Wunschträume, denen es an Bodenständigkeit fehlt. Die Karte kann sogar für Unverschämtheiten sowie für eine übertriebene Suche nach Sensationen stehen (Star- und Fan-Kult): Gefahr von Selbstverlorenheit oder Selbstverliebtheit. »Jedes Leben steht unter seinem eigenen Stern« (Hermann Hesse). Folge deinem Stern, und du findest zu deinen ureigenen Quellen. Du entdeckst die wirklichen Schätze deines Lebens in dir. Zeige deine Brillanz, die wahre Schönheit und die schöne Wahrheit, die in dir stecken. Taue vereiste Gefühle auf. Schlimme Erfahrungen wollen verarbeitet und erledigt, schöne Hoffnungen zu Ende geträumt und verwirklicht werden!

LIEBE Die Suche nach dem Stern ist das Lebenselixier jeder Partnerschaft, die nicht nur um sich selber kreisen und in Routine erstarren will. Weil der Weg zum großen Lebenstraum mitunter auch besondere Höhen und Tiefen kennt, gilt hier im besonderen Maße: geteiltes Leid – halbes Leid, geteilte Freude – doppelte Freude!

GLÜCK Deinem Stern folgen, das heißt: klar sehen und deinen Traum verwirklichen wollen. Du brauchst dich nicht mit Redensarten wie »Greif nicht nach den Sternen« abspeisen lassen. Lass dich von deinen Träumen beflügeln.

ERFOLG Der Schlüssel zum Erfolg: Du musst scharfsinnig sein, damit du die Geschehnisse im Zusammenhang beurteilen und deine Bahn erkennen kannst. Und du brauchst den Mut zur Unkonventionalität, um die gewohnten Bahnen zu verlassen, wenn deine Sehnsucht dich zu neuen Ufern führen will.

DER MOND

Mit geheimnisvoller Kraft zieht er alle Wesen zu sich ... Die Himmelspforte steht weit offen. Die Karte des kollektiven Unbewussten. Gefühle, Stimmungen und Einstellungen, die das Seelenleben und den Rhythmus von Generationen geprägt haben, wirken sich aus. Lerne deine Verbundenheit schätzen und genießen. Spüre deine Rolle als Teil des großen Lebensstroms. Und schwimme frei wie ein Fisch im Wasser.

Der »Mond« ruft verborgene Regungen ans Licht, uralte Gefühle und Instinkte kommen zum Vorschein, wie der Scarabäus im Bild, der aus der Tiefe eine neue Sonne bringt. Wie in einer Vollmondnacht, so kann es aufwühlend sein, wenn Höhen und Tiefen des Lebens lebendig werden. Hier sind Mut und Umsicht gefordert!

Die große Chance besteht darin, dass du dich in jedes lebende Wesen einzufühlen lernst. Nichts zwischen Himmel und Erde bleibt dir fremd. Nimm die großen Gefühle als eine Realität an, die gelebt sein will wie alle anderen Aspekte der Wirklichkeit auch.

LIEBE Gib deinen Nachtseiten Raum, ohne dich ihnen auszuliefern. Lerne die »Fremden in der Nacht« näher kennen. Gewöhne dich an sie und sie an dich. Nimm deinen Partner mit.

GLÜCK Die Karte verheißt die *Erlösung* des vormals Verdrängten: Deine Tiefen wie deine Höhen nehmen Gestalt an und werden damit im Alltag aufgehoben. Überlass dich vertrauensvoll der Kraft des Mondes.

ERFOLG Der Schlüssel zum Erfolg: Finde eine vernünftige Einstellung zu dem, was nicht mehr kalkulierbar und nicht allein verstandesmäßig fassbar ist. Nimm die vorhandenen Wünsche und Ängste ernst und fange damit etwas an.

DIE SONNE

Die Sonne wärmt ein glückliches Kinderpaar. Alles wächst. Die »Sonne« symbolisiert Erneuerung, Licht und Wärme. Sie steht für das Umfassende (Tierkreis im Bild) und die Mitte, für das allgemeine, kollektive Bewusstsein (wie der »Mond« für das kollektive Unbewusste steht), mit dem man sich selbst im Einklang mit der Schöpfung und mit dem allgemeinen Bewusstsein der übrigen Menschen erfährt.

Deinen Platz an der Sonne findest du da, wo du all deine wesentlichen Anlagen entfalten kannst. Wo du aus vollem Herzen sagen kannst: »Es ist gut so!« Eine rasche Entfaltung nach allen Seiten hin kennzeichnet sowohl das Sonnenlicht wie auch dein Wachstum in der frühen Kindheit. Als Erwachsener wieder Kind zu sein, heißt, in jedem Alter Wachstumshemmnisse zu beseitigen und sich weiterzuentwickeln. Was dir bleibt und was du gewinnst, ist eine offene Hingabe an die Welt. Sie gibt dir unbändige Kraft, zusammen mit einer spielerischen Freude am Dasein. Lass dich von der Energie der Sonne durchfluten.

LIEBE Mit dem Leben weiter wachsen, das heißt, bewusster leben, bewusst erleben und auch – gerne altern. Das eröffnet für jede Partnerschaft eine lichtvolle Perspektive: *Je länger, je lieber* – das gilt, wenn auch die Beziehungen sich weiter entwickeln und jeder Partner immer genug Sonne bekommt.

GLÜCK Das Glück des Neuanfangs, der Hingabe an das Leben, in Demut und Leidenschaft, im Wissen um deinen Platz und deinen Weg. »Der Weg nach Hause ist der Weg vorwärts, der tiefer ins Leben hineinführt« (Colin Wilson).

ERFOLG Der Schlüssel zum Erfolg: raus aus den Schubladen! »Liebe Gott und tu, was du willst« (Augustinus).

DAS ÄON

Äon bedeutet *neue Zeit, neues Zeitalter, neuer Lebensabschnitt.* Der »jüngste Tag« ist *heute.* Aufgaben und Möglichkeiten, mit denen du schon lange »schwanger« gehst, werden jetzt akut. Diese Karte fordert dich auf, auch mit entfernten oder extremen Erfahrungen des Lebens klar zu kommen. »Erinnern, wiederholen und durcharbeiten« – das ist die Aufgabe und die Lösung.

Lass dich nicht überwältigen. Du kannst doch wählen. Wenn du es lernst, dir selbst und anderen immer wieder zu verzeihen, dann lösen sich alte Spannungen und neue Möglichkeiten tun sich auf. Streck die Hand aus für einen Neuanfang, einen Abschied, eine Bereinigung oder Klärung. Wenn du einen Strich unter Vergangenes ziehen kannst, fühlst du dich wie neugeboren. Du kannst immer wieder zu einem neuen Leben aufstehen. Es werden dich immer Verlangen und Ängste begleiten, aber du kannst lernen, mit ihnen umzugehen. Der Schatten, der Druck, die Enge lösen und öffnen sich.

LIEBE Starke Energien wirken auf dich ein, und starke Energien stehen dir zur Verfügung. Heute ist dein Tag! Alles ist wichtig, aber du kannst wählen, wie du mit *allem* umgehst.

GLÜCK Lerne zu verzeihen, ohne zu vergessen. Gib dir und anderen eine neue Chance. Ziehe einen Schlussstrich und mache dich bereit für einen Neuanfang.

ERFOLG Eine Unterbrechung der täglichen Routine wirkt Wunder. Entwickle Leitbilder und Visionen, die den wirklichen Erfahrungen und Bedürfnissen gerecht werden! Du hast enorme Energiereserven. Bringe sie jetzt alle ins Spiel!

DAS UNIVERSUM

Du bist Ms. und Mr. Universum! Die Schlange kann eine erotische Bedeutung besitzen. Außerdem ist sie ein Zeichen für das *unendliche geflochtene Band* der Evolution. Das Pendel und die Sichel, die aus der augenähnlichen Himmelsmitte (rechts oben im Bild) herabragen, können an ein Uhrwerk erinnern – an die Bedeutsamkeit eines Zeitabschnitts. Jeder Tag, jede Stunde, jede Minute besitzen einen eigenen Ausdruck und einen eigenen Inhalt, wie eine Blume, die mit dem betreffenden Moment erblüht und wieder vergeht. Alles hat seine Zeit, sein Maß und seine Grenzen.

Und immer gibt es eine *Alternative*. Darin liegt eine weitere Bedeutung von Pendel und Sichel. Nichts ist aus sich allein heraus verständlich. Zu jedem Satz gibt es einen Gegensatz, zu jedem Spruch einen Widerspruch. Der Zweck der Auseinandersetzung mit diesen Polaritäten des Lebens ist die Entdeckung der *persönlichen Werte*.

Deine Rolle in dieser Welt, dein *Haus* und deine Heimat im Universum sind aufgrund der Gegebenheiten vorgezeichnet, wie der Entwurf unten, unterhalb des Schlangenkopfes. Doch deine Zeit, dein Raum und deine Grenzen sind damit nur allgemein umrissen. Du wirst ihn auf eigene Art füllen ...

LIEBE ... dabei muss der Mann sich in der Frau erkennen, um das Universum zu verstehen. Und die Frau muss sich im Universum erkennen, um sich selbst zu verstehen.

GLÜCK Bringe deine aktuellen Fragen mit deinen Lebenszielen in Verbindung. So bleibst du *auf der Höhe der Zeit!*

ERFOLG Der Schlüssel zum Erfolg: Hier heißt es, die Zeichen der Zeit erkennen und selber Zeichen setzen: Entwickle ein »Händchen« für die eigenen Grenzen und Gelegenheiten.

DER NARR

Feuer und Eis, Taube und Schmetterling, Krokodil und Tiger/Panther – die ganze Bandbreite der Schöpfung. Als Narr bist du nahe an den Ursprüngen. Das mag verlockend klingen. Aber es ist auch eine Karte der Naivität, und die Null warnt auch vor einem Leben nach der Devise »außer Spesen nichts gewesen«.

Positiv bezeichnet die Null den innerpersönlichen Schnittpunkt, die Stelle des inneren Zusammenhaltes, wie der Nullpunkt eines Koordinatensystems: *Anfang und Ende von allem*, was die eigene Person ausmacht. So wird die Null zum Symbol des Wesentlichen und der Kunst, überall zu Hause zu sein, weil man mit der eigenen Mitte lebt, im Hier und Jetzt, frei von unwirklichen Idealen und künstlichen Bedürfnissen. So entstehen Verbindungen und *Synchronizitäten* (Gleichzeitigkeiten) zwischen dem Einzelnen und dem Ganzen. Ein solcher *Zusammenklang von Mensch und Schöpfung* bedeutet zugleich das Maximum an persönlicher Effektivität. Mehr kann man nicht erreichen und bewirken. Und weniger wäre ein Verzicht auf vorhandene Möglichkeiten.

LIEBE Zwei »Narren«, die sich lieben, das sind auch *zwei »Nullen«*, die sich zu einer *Lemniskate* zusammenschließen – jener liegenden Acht, die das Zeichen für Unendlichkeit und eine Variante des gängigen Hochzeitssymbols von zwei Ringen ist.

GLÜCK Die Erfüllung wesentlicher Wünsche und die Auflösung wichtiger Ängste macht dich im besten Sinne wunschlos glücklich.

ERFOLG Der Schlüssel zum Erfolg ist hier das »Forrest-Gump-Prinzip«: Dein Leben einfach ordnen und zur richtigen Zeit an der richtigen Stelle sein.

KÖNIGIN DER STÄBE

Du hast Power ohne Ende. Und das bringt dir die »Königin der Stäbe«: Wie die amerikanische Freiheitsstatue besitzt sie eine fantastische Ausstrahlungs- und Anziehungskraft. Doch Achtung: Mit ihren langen Haaren kann sie aber auch an Rapunzel in ihrer Gefangenschaft im hohen Turm erinnern. Die Katze ist sinnlich, anschmiegsam, aber auch reißend und unberechenbar.

Selbstbehauptung und eine lebendige Sexualität garantieren dir jetzt Erfolg und Wohlbefinden. Verlasse dich auf deine Schöpferkraft. Es kommt darauf an, zur richtigen Zeit die Dinge in Bewegung zu setzen.

Vielen ängstlichen oder allzu vorsichtigen Menschen kannst du eine wichtige Hilfe sein. Die Fähigkeit, etwas zu bewegen und dich bewegen zu lassen, ist dein besonderes Talent. Du brauchst Ziele, die sich wirklich lohnen, die deine höchsten Ideale und deine tiefsten Energien herausfordern. Dann geht es dir gut, und du hast Power auf Dauer.

LIEBE Deine aktuellen Fragen erfordern Leidenschaft und Bewusstsein, in jedem Fall eine besondere Treue zu dir selbst. Als Frau kommt es darauf an, die phallischen und heroischen Kräfte nicht den Männern zu überlassen, sondern die eigene Power zur Geltung zu bringen nach dem Motto »Hexenbesen kehren gut«. Als Mann musst du die wilde Katze in dir selber finden und lernen, den Tiger zu reiten.

GLÜCK Lass die Katze aus dem Sack! Zeig, was in dir steckt. Bestimme deine Lebensziele selber und bewahre deine Lebensfreude!

ERFOLG Stelle dich auf eine Phase verstärkter Aktivitäten ein. Teile dir deine Aufgaben ein und betone jeden Schritt.

PRINZ DER STÄBE

Du hast Feuer, und du bist »ein scharfer Typ«. Die spitzen Kristalle zeigen es. Du bist bewegt in deinem Herzen (s. Bild) und »grün«, das heißt jung und frisch, aber möglicherweise auch unerfahren oder unbewusst in deinen Schritten und Taten (s. die grünen Schuhe und den grünen Untergrund des Wagens).

In seiner Rechten hält der »Prinz« einen Phönixstab. Der Vogel Phönix ist jenes Fabeltier, das sich selbst verbrennt, um aus der Asche wieder zu erstehen. So erlebst auch du *Feuerproben*, die deine Kraft und deinen Willen herausfordern.

Lass dich nicht einschüchtern und nicht unnötig verschleißen. Dann gelingt es dir, auch scheinbar überwältigende Ereignisse zu meistern. Was auf den ersten Blick riesig und überwältigend aussieht, wird sich im Laufe der Zeit als handhabbar herausstellen. Du musst nur warten, bis die Zeit dafür reif ist, und mit Witz und Biss vorgehen. Die größte Herausforderung aber kann darin liegen: Wertvolle Lebensziele – wie etwa ein emanzipiertes, sexuell aktives und künstlerisches Leben, Karriere und Familie – *gleichzeitig* zu verwirklichen!

LIEBE Nimm die Chancen und die Herausforderungen des Augenblicks an. Greif zu, ziehe dich im entscheidenden Moment nicht wieder zurück.

GLÜCK Als Frau ist es wichtig, selbständig zu handeln und mit Stolz und Selbstbewusstsein zu deinen Stärken und Schwächen zu stehen. Als Mann gilt es besonders, die wahren Werte eines gelebten und lebendigen Lebens zu entdecken.

ERFOLG Begrabe sinnlose Eitelkeiten und zeig deine Stärke!

RITTER DER STÄBE

Du bist wie ein Feuerwerk. Der »Ritter der Stäbe« lebt im Feuer. Das Bild zeigt Feuersturm, Flammenmeer, Feuerprobe – wow, »da geht die Post ab«! Bäumt sich das Pferd auf oder fliegt es? Ein geflügeltes Pferd ist jedenfalls winzig klein auf dem Helm des Reiters zu erkennen. Ein »wüstes« Leben zeigt sich hier oder aber die Kunst, im Feuer zu Hause zu sein.

Die Karte ist auch ein Sinnbild für Lebensaufgaben, die so groß sind, dass sie dich *ein Leben lang* beschäftigen, herausfordern und beflügeln.

Geh aus dir heraus, ohne Rücksicht auf bestimmte Vor-Erwartungen oder Vor-Urteile. Bleib in Bewegung. Personen und Ereignisse werden dir in ihrer Bedeutung klar, wenn etwas geschieht.

Ein gutes intuitives Reaktionsvermögen hilft dir jetzt weiter und ebenso ein vertrauensvoller, zielstrebiger Blick nach vorn.

LIEBE Für Frauen bedeutet dies oft, selber die Führung zu übernehmen. Du kannst (dich) selber führen und Verantwortung übernehmen. Für Männer kommt es häufig darauf an, feinfühliger zu werden für die Widersprüche der eigenen Person und die Widersprüche zu anderen. Jeder Widerspruch, den du bemerkst und auf den du reagierst, stärkt dich.

GLÜCK Du engagierst dich mit allen Seiten der Persönlichkeit. Du agierst ganzheitlich und mit allen Sinnen, und im Handeln erkennst du, welcher Weg für dich der richtige ist. Freu dich auf den heißen Ritt!

ERFOLG Bringe dich ganz ein. Verstehe, wonach du und andere suchen! In dir stecken enorme Energien, auf dich warten große Aufgaben.

PRINZESSIN DER STÄBE

Du bist ein *LusTiger!* Eine Wilde mit großen Widder- (Frühlings-) Hörnern! Du bist ganz »Feuer und Flamme«, und die Kraft der Begeisterung reißt dich förmlich mit. Dir bieten sich neue Angebote, neue Herausforderungen, Chancen, Bewährungsproben und Bestätigungen. Halte dich an das, was dein Herz in Schwung hält!

Tatendrang und Wachstumslust stellen dich vor die Aufgabe, über dich hinauszuwachsen – und deinen Werten treu zu bleiben, auch wenn sich alles wandelt. Vermeide Oberflächlichkeiten und unnötige Dramatisierungen. Spielerischer Ernst hilft am besten weiter.

Was sich jetzt neu entwickelt, darfst du nicht unbedingt an bisherigen Maßstäben messen.

Der Trieb zum Neuen ist stärker. Im Vergleich zu dem, was du vorhast, ist deine Lebenserfahrung relativ gering. Das kann eine reale Gefahr darstellen, ist andererseits aber ein Merkmal von Jugendlichkeit – gleich welchen Alters.

LIEBE Spiele bewusst mit dem Feuer, das heißt, probiere deine Kräfte aus, entdecke die Möglichkeiten und bringe deine Begeisterung, deine Lebensfreude, deine Triebkraft mit Witz und Würde ins Spiel.

GLÜCK »Man muss sich würdigen Zielen bewusst weihen« (Susanne Peymann). Hüte und schütze dich vor Eiferern. Begreife die Energien, die größer sind als du selbst.

ERFOLG »...und jedem Anfang wohnt ein Zauber inne, der uns beschützt und der uns hilft zu leben« (Hermann Hesse). Hab ein waches Auge für deine Wünsche und die Gunst der Stunde – und greife zu.

ASS DER STÄBE

Aufrecht steht er da! Der Stab ist ein Penis-Symbol, auch wenn davon in Tarot-Büchern nur wenig die Rede ist (dafür in der Literatur zur Traumdeutung umso mehr). Sexualität, Potenz und phallische Kraft gehören nicht nur »dazu«, sie sind Inbegriffe der Feuerkraft. Als Phallus-Symbol bezeichnet er Kräfte, die Männern, aber eben nicht nur Männern zukommen. Der Hexenbesen, das Symbol der wilden Katze und das Bild der »Königin der Stäbe« zeigen den Stab auch als Frauenmacht.

Das Feuer schenkt dir die Kraft der Triebe, die Flamme der Lebendigkeit und die Dynamik des Willens. Die Hand aus der Wolke: Es ist ein Geschenk des Lebens, dass du jetzt das Feuer noch einmal neu entdecken und in die Hand nehmen kannst. Der Wille zu sich selbst und die Lust, über sich hinauszuwachsen, stellen die beiden Pole eines Feuerstabs dar. Trage dazu bei, dass menschliche Kälte, Farblosigkeit und »tote Hosen« ebenso in ihre Schranken verwiesen werden wie die ohnmächtigen und gewaltsamen Feuerkräfte, die über die Erde irrlichten.

LIEBE Sexualität, Abenteuer, kreative Aufgaben – alle Arten von Schöpfungskraft fördern die kunstvolle Nutzung des Feuers ...

GLÜCK ... damit spinnst du Stroh zu Gold. Dein Glück wächst mit deiner Lebenskraft.

ERFOLG Lass dir von niemandem das Gesetz des Handelns aufzwingen. Du hast das Heft in der Hand.

ZWEI STÄBE

Du bist ein Feuertyp und dich beschäftigen Lust und Last des Anfangs: Die Kunst, mit vielen Menschen, Aufgaben und Energien etwas *anfangen* zu können.

Große Aufgaben wollen in »kleine«, in handhabbare Stücke geteilt werden! »Teile und herrsche« lautet die Devise im übertragenen Sinne: Mit kleinen Schritten zu großen Zielen.

Die Stäbe bedeuten Triebkraft, Tatendrang und das Bedürfnis nach Selbstentfaltung. *Zwei Stäbe* stellen dabei Polaritäten dar, die sich wechselseitig blockieren oder bestärken können. Wie gehst du mit widersprüchlichen Motiven und Zielen um – mit wichtigen Interessen und Absichten, die innerhalb der eigenen Person oder zwischen dir und anderen kontrovers sind?

Lass dich nicht in eine Zwickmühle treiben. Vermeide Stückwerk. In deinen aktuellen Fragen entwickelt sich etwas Neues, das nur du entdecken kannst. Setz auf einen groben Klotz einen passenden Keil. Der Ball liegt bei dir.

LIEBE Energiearbeit – widerstrebende Triebe und sich überlagernde Interessen gilt es geschickt zu managen, gerade auch in der Partnerschaft. Das ist jetzt weniger eine Sache der Diskussion als der reiflichen Überlegung und der Tat.

GLÜCK Warte so lange, bis sich deine Sicht der Dinge rundet und bis dein Entschluss feststeht. Dann zögere nicht länger! Handele mit ganzer Macht, und dein Glück ist mit dir.

ERFOLG Nur wer immer wieder auch *Anfänger oder Anfängerin* sein kann, lernt sein Metier zu beherrschen. Dann bist du stärker als alle Papiertiger und Salonlöwen.

DREI STÄBE

Du bist eine kraftvolle, gut strukturierte Persönlichkeit. Dein Reichtum an Ideen, Energien und Schwung vereint sich mit Abenteuerlust und der Bereitschaft, etwas zu bewegen. Die Karte steht für solide Arbeit. Und sie steht für die vielen Ziele, die du noch in dir hegst, die Freude an neuen Unternehmungen.

Sie kann dir sagen: Worauf wartest du noch? Wovor solltest du Angst haben? Leg los! Eine Idee ist nur so gut wie das, was du daraus machst. Schau nach vorn. Verlass dich auf die Kraft und die Integrität deiner Pläne. Brich auf zu neuen Ufern.

Stärken und Schwächen dieser sonnig-feurigen Karte hängen davon ab, ob Schattenseiten erkannt und aufgehoben sind – oder aber verdrängt werden. Außer den Feuerfarben Rot und Gelb ist hier nicht viel an Farben vorhanden. Wie beim »Kaiser«, so kann sich auch hier darin ein Problem ausdrücken: eine Angst vor Kontrasten und Schattierungen. Damit nicht die pure Oberflächlichkeit vorherrscht und sich ein Gefühl der Ziellosigkeit oder der Hilflosigkeit einstellt (»denn sie wissen nicht, was sie tun«), kommt es darauf an, bewusst zu leben und achtsam zu sein.

LIEBE Jetzt ist für dich eine gute Zeit, Farbe in den Alltag zu bringen und neue Menschen kennen zu lernen. Andere kommen ebenfalls mit schwungvoller Energie auf dich zu. Doch keine Eile. Schau dir deren Vorschläge genau an.

GLÜCK »Wenn du weißt, was du tust, kannst du tun, was du willst« (Moshé Feldenkrais).

ERFOLG Bleib geduldig und fest in deinem Willen. Lass dich von Hindernissen nicht hemmen, sondern ansporen!

VIER STÄBE

Feiere das Wunder des Lebens! Eine Karte der Hoch-Energie! Wenn Kraft und Geist, Lebendigkeit und Licht einander gegenüberstehen wie Widder und Taube, dann siehst du »das Auge des Tigers«, das Zentrum des Feuers. Einen »Kraftort« findest du nicht nur an bestimmten Naturschauplätzen oder magischen Stätten.

Die Wunder der Schöpfung begegnen uns im Prinzip überall und betreffen unsere intimsten – schwierigsten und schönsten – Erfahrungen. Geburt, Hochzeit und Tod führen uns immer wieder an die Grenzen – und ins Zentrum unserer Existenz.

Und in diesen manchmal erschreckenden, oft wunderbaren, immer aber erstaunlichen Erfahrungen erwächst das Bedürfnis nach Kultur – der Antrieb, in schöpferischen Produktionen das auszudrücken und zu verarbeiten, was uns bewegt! Es kommt darauf an, (wieder) zu spüren, was uns innerlich bewegt, das eigene Selbstverständnis zu vertiefen, je höher wir im Leben steigen.

LIEBE Erschrick nicht vor den widersprüchlichen Erfordernissen des Augenblicks. Bringe die Widersprüche zum Tanzen! Zeig dich als die Frau oder der Mann, die/der du bist. Deine sexuelle Identität ist eine unverzichtbare Kraftquelle.

GLÜCK Meide kleinliche Lösungen. Deine wahren Beweggründe und deine echten Gefühle solltest du nicht verheimlichen. Sie liefern die beste Motivation und garantieren dir die schönsten Erfolge!

ERFOLG Gehe für dich selber keine Kompromisse ein, wenn es um Grundüberzeugungen und persönliche Wahrheiten geht!

FÜNF STÄBE

Bleib bewusst im täglichen Getümmel, bau dein Haus, deine Heimat inmitten der Bewegung.

Der große Stab trägt an der Spitze das Uräuszeichen, nachempfunden dem Zeichen der alten Ägypter für Sonne, Sonnengott und Pharao. Phönixkopf und Blüte krönen die vier kleinen Stäbe. Nur wenn »viele Flammen« brennen, bildet sich dein Wille wieder neu und bleibt lebendig.

»Des Menschen Wille ist sein Himmelreich«. Wenn dein Wille nicht nur im Himmel, sondern auch auf der Erde zu Hause ist, bekommt er Beine; dann lernt er laufen und vermag etwas auszurichten. Vergiss es, deine Willenskraft oder einen Erfolg vor allem daran zu messen, ob sich einmal ausgedachte Vorstellungen auch verwirklichen lassen. Der Lauf der Dinge zeigt dir vielmehr, was das Leben von dir »will«. Diese Impulse zu verstehen, ist nicht immer leicht. Doch sie aufzugreifen, bringt unendlich viel.

LIEBE Du öffnest dich für das Spiel der Kräfte – in dir, mit dir und um dich herum.

GLÜCK Du lässt dich berühren von den Menschen, Ideen und Ereignissen in deiner Umwelt. Spiel mit ihnen und spüre die Energie. Du kannst wie in einem kreativen Aikido oder Schlagabtausch fremde und auch »gegnerische« Energien für deine Zwecke nutzen.

ERFOLG Lass dich nicht einmachen und verdrück' dich nicht. Entscheide dich, welche Ziele du erreichen willst: Entscheide dich wirklich und setz dich durch. Halbe Sachen zerstören dich auf Dauer.

SECHS STÄBE

Stell dein Licht nicht unter den Scheffel! Viele Stationen hast du auf deiner Reise schon hinter dir: eine Menge Arbeit, viele Mühen, Enttäuschungen und Bestätigungen. Jetzt erfährst du, dass du auf dem richtigen Dampfer bist.

Deine optimale Kraft entfaltest du, wenn du Stärken und Schwächen gemeinsam ins Feld führst. Zeig, wie stark du bist. Doch verbirg auch deine »kleinen«, deine schwachen Seiten nicht. Im Gegenteil, wenn du dem folgst, wofür du eine *Schwäche* besitzt, so wird auch dies dich stärken! Umso vielfältiger, wohlgeordneter und abwechslungsreicher kann sich dein Feuer ausbreiten und andere anstecken.

Wer sich über Schwächen hinwegsetzt, der verliert etwas, – Rückhalt, Bodenhaftung, Selbstachtung und manches mehr. Wenn du Schwächen in Stärken verwandelst, *gewinnst du* an zusätzlicher Energie, mit jedem Schritt, den du tust.

Vertritt, was dich innerlich bewegt, und setz dich ganz dafür ein. Hüte dich vor einem falschen Heldentum, das von Schwächen nichts wissen möchte. Genauso wie vor einer falschen Schüchternheit und ohnmächtigen Bescheidenheit, die von den eigenen Stärken nichts erwartet.

LIEBE Zeig deine Stärken und Schwächen, auch in der Liebe und Sexualität.

GLÜCK Folge dem, wofür du eine Schwäche besitzt, und tritt für deine innersten Überzeugungen ein. Dann bist du wie ein Lauffeuer: nicht aufzuhalten!

ERFOLG Lass dich nicht einschüchtern und setze auch andere nicht unter Druck!

SIEBEN STÄBE

In dir knistert und knackt es! So viel Energie! Weniger Kampf gegen andere (oder mit dir selbst) und mehr Einsatz *für dich* ist angesagt. Entscheidend ist ein neues Niveau, ein »ausgeschlafener« Stil im Einsatz der Kräfte.

Ziel und Lohn: *Du erreichst mehr, während du dich weniger verschleißt.* Das wirkt wie ein Wunder, und es ist wunderbar! Und doch ist es nichts Unerfindliches, die Erklärung liegt vielmehr auf der Hand: So wie wir Schulaufgaben, Computersprachen oder Tagesabläufe als Erwachsene mit einer Selbstverständlichkeit beherrschen, die uns als Kind unvorstellbar gewesen wäre, genauso können wir eine geeignete Souveränität im Umgang mit komplexen Energien und mit vielen gleichzeitigen Aufgaben erreichen.

Was wir aber von Kindern wieder lernen können, ist, eine Situation spielerisch anzugehen. So, wie Kinder spielen können: auf eine Sache völlig konzentriert, um im nächsten Moment weiterzugehen, und dann das Gleiche von vorn, immer mit 100 %-Präsenz, mit Begeisterung, nicht mit innerem Druck.

LIEBE Du überwindest Mutlosigkeit und blinden Eifer und verlässt dich nicht auf dramatische Entscheidungen oder Trotzreaktionen.

GLÜCK Bei besonderen Herausforderungen reagierst du mit Achtsamkeit und erhöhter Präsenz, nicht mit Stress oder Verkrampfung. Lass locker, und alles geht dir einfach von der Hand.

ERFOLG Lass dich nicht provozieren und provoziere andere nicht! Finde einen Standpunkt, der deine Souveränität unterstreicht und deine Power langfristig erhält.

ACHT STÄBE

In dir steckt MEHR. Gib dich ganz in die Bewegung hinein! Die acht Energiepfeile gehen über den vorliegenden Rahmen hinaus, sie sprengen ihn, um zu einer höheren Einheit zu finden (Regenbogen).

Deine Anstrengungen zeigen Ergebnisse. Diese stellen dich vor neue Anforderungen. Du hast viele Fähigkeiten, und vieles muss jetzt zu einem neuen Ergebnis gebracht werden. Eine anspruchsvolle Situation, die dich ganz fordert, in der auch die Gefahr droht, dass du »verpuffst« …

Mach dich innerlich bereit, einen großen Schritt zu tun. Nur du kannst deine Träume verwirklichen. »Nimm deine gebrochenen Flügel und lern fliegen. Dein ganzes Leben hast du auf diesen Moment gewartet, dich zu erheben: Flieg!«, singen die Beatles in ihrem »Blackbird«.

Doch zugleich ist dies auch die Karte der Projektionen und der Gaukeleien. Projektionen sind eine gesteigerte Form des Wunschdenkens. Man verlagert innere Regungen und persönliche Motive nach außen – die eigenen Gefühle und Bedürfnisse begegnen einem scheinbar von außen, wie Geister oder als scheinbar objektive Sachverhalte. Es ist wie ein Film, in dem man mitspielt, ohne es zu wissen. Selbstüberprüfung und Kontrolle von außen sind absolut wünschenswert.

LIEBE Beende einen unerwünschten Schwebezustand. Beflügle deine Sinne! Deine Träume kannst du nicht im Traum verwirklichen.

GLÜCK Bekenne Farbe und erneuere den Zauber, der in dir steckt! Du kannst weit mehr, als du denkst.

ERFOLG Du wirst vielfältige Unterstützung gewinnen.

NEUN STÄBE

Achtsam gehst du durch Tag und Nacht. Es gibt nur einen Weg, der Sonne und Mond zusammenbringt: *den der Achtsamkeit und des bewussten Lebens.*

Was geschieht? Was ist los? Was entwickelt sich? Die Achtsamkeit, das intuitive Gewahrsein verhindert vorschnelle Feststellungen und Aktionen. Die aufmerksame Berücksichtigung und Musterung aller wirksamen Triebe und Motive fordert und entwickelt eine ganzheitliche und schützende Intuition.

Intuition bewirkt eine feine Wahrnehmung der Vorgänge vor wie hinter dem Auge. Spitze die Ohren, schärfe den Blick, aber entspanne dich dabei, damit du auf *alles* achten kannst. Gib nichts auf Gerüchte, sei skeptisch gegenüber Mutmaßungen und bloßen Behauptungen.

LIEBE Deine aktuellen Lösungen hängen damit zusammen, lebendiger zu leben und mehr vom Leben mitzubekommen.

GLÜCK Baue unbegründete Ängste ab, erfülle wichtige Wünsche! Vertraue deiner Intuition.

ERFOLG Bei ungeteilter Aufmerksamkeit für alle wirksamen Entwicklungen und Veränderungen gibt es jeweils eine Aufgabe, die jetzt im Vordergrund steht.

ZEHN STÄBE

Große Aufgaben – große Lösungen. Setze nicht »viele«, sondern *alle* Energien ein! Diese sollen sich möglichst nicht gegenseitig blockieren und nicht berührungslos nebeneinander verlaufen.

Jeder Mensch und jeder Sachverhalt besitzen eine eigene Logik, ein eigenes »Gesetz« und gewissermaßen einen eigenen Willen. Dein Erfolg oder Misserfolg hängt jetzt ganz davon ab, ob dein eigener Wille und der Wille des anderen (der Wille einer anderen Person oder der »Wille« bestimmter Fakten) miteinander harmonieren oder nicht.

Wenn du das Gefühl hast, dir zuviel aufgeladen zu haben oder in eine Sackgasse zu geraten, dann liegt dein momentaner Wille quer zu dem Willen der/des anderen. Finde heraus, wo deine Willenskraft zu schwach ist, und steigere an diesen Punkten deinen Einsatz auf hundert Prozent. Aber dort, wo du versuchst, mit Gewalt oder Selbstverleugnung mehr zu erreichen, gib diese vergebliche Mühe auf, lass los und wirf Ballast ab!

Erst wenn du den Menschen, den Ereignissen oder Lebensfragen deine ungeteilte Zuneigung schenkst, verstehst du sie in der jeweils eigenen Logik.

LIEBE Setz alle deine Energien ein. Lass »hundert Blumen blühen«.

GLÜCK Achte darauf, dass sich deine Energien nicht blockieren! Wenn du merkst, dass du dich überhoben hast, mach eine Pause.

ERFOLG Lass nicht eher nach, bis du deine wesentlichen Möglichkeiten tatsächlich ausgeschöpft hast.

KÖNIGIN DER KELCHE

Du sprichst mit der Stimme des Herzens: Offen wie die Wasseroberfläche und verschlossen, geschlossen wie alles, was sich unter dem Wasserspiegel befindet. Geschlossenheit und Offenheit der Seele zur gleichen Zeit sind Voraussetzungen eines intakten Seelenlebens. Sie sorgen dafür, dass du weder zerfließt noch verhärtest. Keine andere Figur des Tarot verkörpert so sehr die Kostbarkeit der Gefühle wie diese Gestalt.

Übe, dich zur gleichen Zeit seelisch zu öffnen und zu unterscheiden (abzugrenzen). Wann immer dies gelingt, »stimmen« deine Gefühle. Dann bist du guter Stimmung und sprichst als Person mit einer Stimme.

LIEBE Du kennst viel von den Geheimnissen des Lebens und empfindest tief. Dein großes Einfühlungsvermögen gibt dir reiche und treffende Bilder, Ahnungen und Visionen. Du hast eine gute Antenne, ein offenes Ohr für das Unbewusste, das »Ewig-Menschliche« und die Regungen der Seelen. Du kannst aus vollem Herzen lieben und tiefe Gefühle teilen.

GLÜCK Wenn du mit dir im Reinen bist, beziehst du daraus eine große Kraft und eine fruchtbare Fantasie. Damit kannst du ein tiefes, schönes und erfülltes Leben verwirklichen, mit glücklichen Überraschungen, herzlicher Freude und immer wieder neu erlebter Glückseligkeit. Du hast ein Händchen für Beziehungen, eine spirituelle Begabung und eine erfahrene Lebensklugheit. Manche vereiste Seele taust du mit deiner liebevollen Art wieder auf.

ERFOLG Entscheide mit der Stimme des Herzens. Prüfe die Gefühle aller Beteiligten. Vertritt deutlich deinen Standpunkt.

PRINZ DER KELCHE

Auf den Wellen thronst du sicher über der Tiefe! Erhebende Gefühle – das Wasser trägt! Leidenschaftliches Verlangen verdichtet die Gefühle.

Aus der ägyptischen Mythologie stammt die Transformationsreihe Skorpion, Schlange, Adler: Der Adler ist ein mächtiger und erhöhter Skorpion. Die geringelte Schlange zeigt eine notwendige Klärung von Instinkten und Bedürfnissen, von Verlockungen und Verführungen, von Wegen und Abwegen.

Gehe den Gefühlen (aller Beteiligten) auf den Grund. Habe den Mut, dein wahres Verlangen zu ermitteln und auszudrücken.

LIEBE Du bist eine liebende, würdevolle Persönlichkeit, deren große Kraft aus der Tiefe kommt. Dein Innenleben und deine Gefühle sind für dich sehr bestimmend. Solange du das nicht anerkennst, kannst du dich selbst stark verletzen. Sobald du aber den Impulsen aus deinem Unbewussten nachgehst und danach lebst, hast du Oberwasser und eine erfahrene, lustvolle Lebensart. Sei »gut gelaunt wie ein Pascha und boshaft wie ein Stachelschwein« (Italo Calvino).

GLÜCK Du lebst im Uferlosen. Die Wasserwelt mit all ihren Tiefen ist dein Glück. Jeder äußere Rahmen (Erfüllung von Pflichten, Aufgaben, Regeln) würde an dem Problem deiner persönlichen Uferlosigkeit nichts ändern. Sicherheit und Halt besitzt du einzig in dir. Dein Thron im Hin und Her der Wellen hat auch große Vorteile: Du bist sensibel für Strömungen und Schwingungen. Bleibe dafür offen.

ERFOLG Gehe den Motiven auf den Grund – deine feine Wahrnehmung von Emotionen und Instinkten führt dich zu vielfältigen, oft mutigen Ideen und Inspirationen.

RITTER DER KELCHE

Flügel für die Seele. Du bist eine liebevolle Persönlichkeit. Von Kopf bis Fuß bist du gewappnet für die Liebe. Wie die Fische ihrem Element ergeben sind, so folgst du deinen großen Gefühlen und Sehnsüchten. Der *Ritter der Kelche* erinnert an die Gralsuche, die Minne der Ritterzeit und an das Mondpferd *Pegasus*, die Muse aller (Lebens-) Künstler.

Der Krebs symbolisiert uralte Gefühle und Instinkte. Die riesigen Flügel stellen ein beflügeltes Lebensgefühl dar, aber auch die Gefahr, in eine Traumwelt zu flüchten. Ein vernünftiger oder bewusster Glaube verträgt sich wunderbar mit Wissen und Bewusstsein. Nur dass der Glaube erst da anfängt, wo das Wissen seine tatsächlichen Grenzen erreicht hat – und nicht vorher.

LIEBE Typisch für dich ist deine große Liebe zum Leben. Du hast einfach so viel Liebe zu geben. Du teilst dich mit und schaffst in deiner Umgebung Lachen und Leichtigkeit. Freu dich und mach weiter.

GLÜCK Du kannst ein ausgesprochener Spaßvogel sein. Die andere Seite ist deine große Suche und dein Unterwegssein. Du brauchst immer wieder das Gefühl der Rückbindung an deine Quellen, der Ausdehnung ins Unendliche und des tiefen Einsseins mit dem Strom des Lebens. Wenn du dabei nicht in Unentschlossenheit oder Selbstvergessenheit verfällst, hast du eine außerordentliche Gabe für wundervolle Liebesgeschichten, spirituelle Abenteuer und fantastische Erlebnisse. Wille und Gefühl gehen für dich dann miteinander auf. Genieße diese Momente.

ERFOLG Trau, schau, wem. Prüfe, woran du glaubst und wem du vertraust. Nutze Herz und Verstand, um tief sitzende und erhebende Gefühle wahrzunehmen: Sie zeigen den Weg zum Erfolg.

PRINZESSIN DER KELCHE

Eine Karte voller Schönheit und Leichtigkeit. Eine wunderbare Karte für eine sommerliche Heiterkeit – zu jeder Jahreszeit! Durch deine Gefühle entdeckst du Neuigkeiten. Du begreifst die Inhalte der Wasserwelten, wie den Fisch und den Schwan, die für den Reichtum und die Reichweite der Seelenschätze stehen.

Die Kristalle auf dem Gewand der Bildfigur symbolisieren die Kostbarkeit des Seelenlebens. Sie warnen auch vor Verhärtungen und Fixierungen der Gefühle.

LIEBE Du bist eine heitere und ernsthafte Persönlichkeit, hilfreich und aufbauend, dabei selbständig und eigenverantwortlich. Das Leben der Gefühle und des Unbewussten betrachtest du nachdenklich-spielerisch und neugierig-distanziert. Wenn das nicht zu einem Zustand der Unentschlossenheit führt, hast du eine große Begabung, innere Probleme zu beheben, ohne darin unterzugehen.

GLÜCK Mit Einfühlung, Verständnis und Meditation entdeckst du Neues und gewinnst wichtige Einsichten. Das ist für dich selbst eine Quelle aufgeklärter Lebensfreude. Und für andere kannst du eine wichtige Hilfe auf psychischem und spirituellem Gebiet sein. Mit deiner besinnlichen und lebensfrohen Art machst du dir und anderen Mut.

ERFOLG Oft meinen wir, erst müsse der Erfolg kommen und dann werde das Leben endlich leicht und angenehm. Diese Karte schlägt jedoch einen umgekehrten Weg vor: Mache dir das Leben endlich leicht und angenehm – sorge für Erleichterung, was wichtige persönliche Wünsche und/oder Ängste angeht. Dann stellt sich auch der ersehnte Erfolg ein.

ASS DER KELCHE

Alles ist in deinem Kelch. Das Kelch-Ass enthält das ganze Potential des Seelenlebens, der Gefühlswelt und der Spiritualität. Es bedeutet deine tiefe seelische Verbindung mit dem Leben und deine Offenheit für die Geheimnisse zwischen Himmel und Erde. Es signalisiert eine glückliche Reise durch das Leben und eine tiefe Erfüllung.

Deine überströmenden Gefühle lassen dich Freude und Leid tief erfahren. Du scheinst Wünschen und Ängsten ausgeliefert zu sein, in denen du mitunter unterzugehen drohst. Manchmal weißt du nicht mehr, was Traum und was Wirklichkeit ist, wo die Illusion anfängt und wo sie aufhört. Zugleich sind es aber gerade diese emotionalen Grenzerfahrungen, die dich aufs Intensivste mit der Welt und allem Menschlichen verbinden.

Schau dir auch unbekannte Seelenseiten an. Das kann manchmal mit innerer Erregung oder äußerer Anspannung verbunden sein. Es stimmt nicht, dass Gefühle immer nur »nett« und angenehm sein müssten. Außerdem kann auch ein einzelner Kelch natürlich höchst unterschiedliche Elixiere transportieren: Wasser und Wein, Sekt und Selters, Gift, Medizin oder Zaubertrank.

LIEBE Lege dir – ohne Zensur oder Vorbewertung – Rechenschaft ab. Jetzt ist nicht die Stunde großer Versprechungen oder Verheißungen, sondern der persönlichen Aufrichtigkeit.

GLÜCK Du besitzt eine Seele mit einem eigenen Namen, der deine Verbundenheit mit allen Lebewesen und zugleich deine Besonderheit als Einzelwesen ausdrückt. Lebe deine Seele ganz und gar.

ERFOLG Sei bereit, dir selbst und/oder anderen zu verzeihen, damit ein seelischer Neuanfang möglich wird.

ZWEI KELCHE

Du hast reiche und starke Gefühle! Liebe, Verständnis, Bereitschaft zu Kommunikation und Austausch sind die Basis für emotional befriedigende, beglückende Beziehungen und Begegnungen, über solchen Zusammentreffen liegt ein Zauber von blühender Schönheit.

Obwohl das Bild meist liebevoll und freundlich wirkt, ist eine genauere Betrachtung vonnöten. Was fließt da? Das Fließen und Überfließen der Kelche kann *auch* Ausdruck von Unzufriedenheit sein: Man fühlt sich innerlich zerrissen oder unzufrieden. Man sucht im Partner oder in der Partnerin die *»bessere Hälfte«* und wird doch immer wieder enttäuscht, bis man diese fehlende Seite in sich selbst entdeckt und offen wird – für den anderen um seiner selbst willen und nicht als Ergänzung oder Spiegel eigener Ziele!

LIEBE Die berühmten »zwei Seelen in der Brust« muss jeder für sich unterscheiden und unter einen Hut bekommen. Dann hört die Liebe auf, *Ersatz* für persönliche Ganzheit und Selbstverwirklichung zu sein, und wird zu dem, was sie immer schon war: Zur Freude am Dasein und zum Glück, dieses mit anderen teilen zu können. Fange jetzt damit an.

GLÜCK Kümmere dich um Sorgen, Wünsche und Ängste. Lerne, auch in Gefühlsdingen zu unterscheiden. Gerade auch in emotionalen und intimen Fragen braucht jeder das Recht, zu wählen und selbst zu entscheiden. Gehe jeden Tag einen Schritt der Freude.

ERFOLG Je klarer die Unterschiede zwischen (Geschäfts- oder Lebens-) Partnern, desto fruchtbarer die Gemeinsamkeiten. Sag den anderen, was du von ihnen wünschst und was du ihnen geben möchtest.

DREI KELCHE

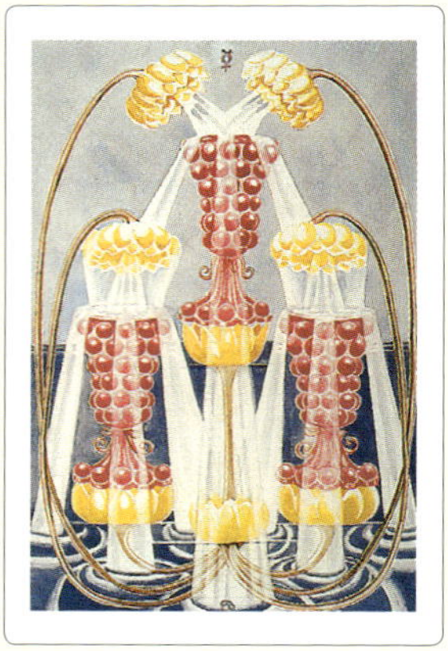

Du hast eine große Seele! Das ist die Wahrheit und das ist der Quell deiner Sehnsucht nach »mehr« Liebe, Anerkennung und Unterstützung! Finde Freunde, Kollegen, Gefährten – eine Gruppe oder eine Konstellation, in der du ganz und gar angenommen bist, in die du dich ganz und gar hinein gibst; nicht um dich zu verzehren oder aufzuopfern, sondern aus Freude am Dasein, aus Lust am Schenken. Es sind die Augenblicke in deinem Leben, in denen du ein lachendes Einverständnis mit der Welt hast, in denen der Augenblick Ewigkeit ist; Situationen der reinen Seligkeit, in denen alles möglich und alles wirklich ist.

Doch zahle nicht jeden Preis, um die Zuwendung und die Liebe anderer zu gewinnen! Meide faule Kompromisse und persönliche Abhängigkeiten! Mach die Gültigkeit deiner Gefühle nicht von der Zustimmung anderer abhängig. Akzeptiere die Gefühle anderer, auch wenn du dich nicht mit diesen identifizieren kannst.

LIEBE Scheue dich nicht vor »emotionalen« Reaktionen. Doch sortiere deine Gefühle. Gehe auf andere zu oder grenze dich von ihnen ab, auch wenn es zunächst ungewohnt erscheint. Deine Seele verträgt mehrere Wahrheiten zur gleichen Zeit. Lass deine Seele wachsen.

GLÜCK Glück ist, sich selbst und andere in gleicher Weise zu lieben. Auch du bist liebenswert.

ERFOLG Erfolg ist auch eine Frage des (Mit-) Gefühls. Ein richtiges Wort zur richtigen Zeit kann Wunder wirken und Welten in Bewegung setzen.

VIER KELCHE

Endlich und reichlich Zeit für dich! Lass die Seele baumeln. Meditiere oder erledige, was dich hindert, zu meditieren und ruhig zu sein. In der Stille findest du Wörter und Worte für Erfahrungen und Aufgaben, bei denen bislang Sprachlosigkeit herrschte.

Was waren deine ursprünglichen Ziele? Es geht auch um eine Bilanz deiner seelischen Erfahrungen und Erwartungen.

Gehe in dich, um das Bisherige zu bewältigen und dich für Neues zu öffnen. Manches ist zu kurz gekommen und will jetzt nachgeholt werden. Manches will jetzt innerlich verarbeitet werden. Obwohl diese Karte durchaus einmal vorschlagen kann, sich zurückzuziehen, ausreichend zu schlafen und zu träumen, so stehen die Zeichen insgesamt nicht auf Rückzug, sondern auf Besinnung auf die eigenen größeren Möglichkeiten.

Verfalle nicht in Melancholie. Melancholie ist ein *verkehrter* Eigensinn. Sie betäubt die Sinne. Tue umgekehrt alles, was die Sinne aktiviert, beruhigt und beflügelt. Dir bieten sich ungewöhnliche Chancen, und diese sind das Gebot der Stunde!

LIEBE Ruhe dich aus, gehe innerlich in die Tiefe und strecke dich in neue Höhen. Der vierte Kelch steht für neue Einsichten und Einladungen – die du annehmen oder ablehnen kannst.

GLÜCK Die Begegnung mit deiner Natur schenkt dir eine tiefe Ruhe und Inspiration. Lerne und genieße, bei dir zu verweilen und dem inneren Fluss zu lauschen. Ganz in Ruhe …

ERFOLG Lass deiner Seele Flügel wachsen. Fordere oder erwarte nichts Bestimmtes, öffne dich deinen Eingebungen. Das bringt jetzt am meisten.

FÜNF KELCHE

Du wandelst dich. Dir begegnen große, unbekannte Gefühle. Sei nicht abergläubisch: Der Schmetterling (in Gestalt der Wurzeln im Bild) steht für einen wichtigen Neuanfang. Du bist keine Raupe mehr! Das Unbekannte ist auch ein Grund zur Freude, denn es bietet neue positive Möglichkeiten.

Schenke dir und anderen »reinen Wein« ein! Es ist besser, eine Wahrheit »spät« zu akzeptieren als gar nicht. Eine Enttäuschung bietet stets auch die Gelegenheit zur Ent-Täuschung, das heißt zum Abschied von Illusionen und zum Start in eine neue Klarheit.

Die Seele wirkt wie ein Spiegel. Auch und gerade das erscheint der Psyche als leer und unbekannt, von dem sie noch *kein Bild* besitzt, welches sie wiedergeben kann. Da ist erst einmal Ebbe: die Kelche sind leer.

Solche Erfahrungen können ein ernstes *Warnsignal* sein; dann muss man sich Hilfe holen. Der seelische Tiefpunkt kann aber im Gegenteil ebenfalls anzeigen, dass etwas völlig Neues, Positives beginnt. *Diese* Offenheit für das Neue vermittelt ein echtes Glücksgefühl, wie eine erfolgreiche Beichte: eine Erlösung von allen Sorgen und inneren Lasten.

LIEBE Lauf vor den Gefühlen nicht weg! Lass Tränen zu, aber auch eine neue Begeisterung. Hole dir Hilfe, wenn erforderlich. Und sei bereit, Hilfe und Beistand zu geben. Lass es fließen.

GLÜCK Du nimmst dir Zeit und Raum für eine innere Erneuerung. Schau auch in die unbekannten Ecken deiner Seele.

ERFOLG Das Ende einer Etappe, deren Lektion du gelernt hast, setzt enorme Energien frei.

SECHS KELCHE

Klingelt es bei dir? So viele Gefühle sind angesprochen. Träume und Wünsche machen sich bemerkbar und zeigen dir neue Wege und Ziele. Die Wurzeln reichen dabei in eine unabsehbare Tiefe! Hier geht es um wichtige und intensive Bedürfnisse. Die Sexualität spielt eine große Rolle, wofür die Schlangen in den Kelchen stehen können.

Die Aufarbeitung früherer Erfahrung erlöst dich aus dem Wiederholungszwang und schenkt dir die Freiheit, heute neu zu wählen. Öffne dich für Erinnerungen, Träume und Ahnungen, auch wenn sie scheinbare Kleinigkeiten betreffen.

Setz dich behutsam mit emotionalen Erfahrungen auseinander. Was war damals gut, was nicht? Wie kann das Schöne von früher auch heute wieder gelingen, wie kann man das Schlimme von einst heute verhindern? Du verfügst heute über mehr Alternativen im Umgang mit Wünschen und Ängsten. Unterscheide deine Gefühle.

LIEBE Der richtige Anlass, um in Erinnerungen zu forschen, etwa um alte Fotos und Notizen auszugraben. Kümmere dich um (deine) Kinder. Unterstütze das innere Kind in dir! Verabschiede dich von kindlichen Reaktionsweisen und tue, was du als erwachsene Frau oder als erwachsener Mann schon lange tun wolltest!

GLÜCK Nutze die Gunst der Stunde, um alte Ängste abzulegen und Herzenswünsche zu erfüllen! Du hast es dir verdient.

ERFOLG Der Erfolg kommt durch deine Offenheit für freudige Überraschungen: große und kleine Wunder, die wir im Alltag wieder wahrnehmen müssen: »Wenn ihr nicht werdet wie die Kinder ...«

SIEBEN KELCHE

Du bist in einer wichtigen und spannenden Phase! Du bist dabei herauszufiltern, welche Träume und welche Ängste für dich von Bedeutung sind – und welche nicht. Wie im Bild müssen dafür *überflüssige* Erwartungen, Verheißungen oder Befürchtungen abtropfen, bis im Kelch das zurückbleibt, was für dich wirklich passt und deine Gefühle in neue Höhen erhebt.

Diese Karte betrifft Gefühle, die dein persönliches Fassungsvermögen übersteigen! Ganz im Unterschied etwa zur Karte »Fünf Kelche«, bei der alle Kelche leer sind, herrscht hier ein Bild des Überflusses. »Es ist nicht zu fassen«: Da sind mehr Gefühle in Bewegung und da bewegt sich mehr »zwischen Himmel und Erde«, als die vorhandenen sieben Kelche aufnehmen können.

Somit bleibt dir nichts anderes übrig, als die vorhandenen Bedürfnisse und Möglichkeiten auf den Prüfstand zu stellen. Manchmal stellt selbst die größte Sehnsucht und das »unrealistischste« Begehren gerade das *richtige* Verlangen dar. Im anderen Fall aber ist selbst die kleinste Verlockung und harmloseste Versprechung von Übel.

LIEBE Gehe deinen Befürchtungen auf den Grund und folge den Wünschen, von denen die stärkste Energie ausgeht. An den »Früchten« wirst du erkennen, was für dich stimmt und was nicht. Entwickle und vertritt einen eigenen Maßstab, gerade auch in Liebesdingen und intimen Wünschen.

GLÜCK Das Beste ist der Feind des Guten. Was ist dein Bestes?

ERFOLG Kümmere dich um die Wünsche und die Ängste, die dich am meisten beschäftigen. Erforsche sie, das bringt dich jetzt am weitesten voran.

ACHT KELCHE

Die seelische Bewusstheit ist entscheidend! Acht Kelche stehen für eine große Fülle von wirklich gelebtem Leben, von vielfältigen Erfahrungen und Eindrücken.

»Trägheit« ist nur der unzulängliche deutsche Titel der Karte, im englischen Original heißt sie »Indolence«. *Indolenz* bedeutet *Schmerzlosigkeit* und kann eine dumpfe Empfindungs- und Teilnahmslosigkeit oder aber eine helle, hochbewusste (fakirhafte) Schmerzfreiheit meinen.

»Der Glaube versetzt Berge«: Wenn du an die falschen Dinge glaubst, türmst du ein Hindernis nach dem anderen vor dir auf. Kein Wunder, wenn du »träge« wirst. Ein geeigneter Glaube aber bündelt die seelischen Kräfte wie ein echtes Kunstwerk und lässt dich die Schwierigkeiten meistern.

Die gebrochenen, lückenhaften Griffe der Kelche machen ersichtlich, dass es hier um übergeordnete Bedürfnisse, um größere Gefühle geht, die nicht einfach zu (be-) greifen und zu (er-) tragen sind. Das richtige Maß und der richtige Ausgleich im Seelischen sind von entscheidender Bedeutung. Hier heißt es: Zur richtigen Zeit das Richtige tun, und auf alles andere verzichten!

LIEBE Befreie dich von emotionalen Halbheiten. Alles fließt. Prüfe deine Ziele. Finde erneut, was für dich wesentlich ist. So wirst du dich in dieser Welt geborgen und aufgehoben fühlen.

GLÜCK Hoffnungen und Ängste führen dich weiter zur Quelle deiner Sehnsucht. Gehe beherzt deinen Weg.

ERFOLG Erhebe dich! Du überwindest Hindernisse und erreichst neue Gipfel, wenn du den Fluss, das innere Strömen *(flow)* zur Leitlinie deines Handelns machst.

NEUN KELCHE

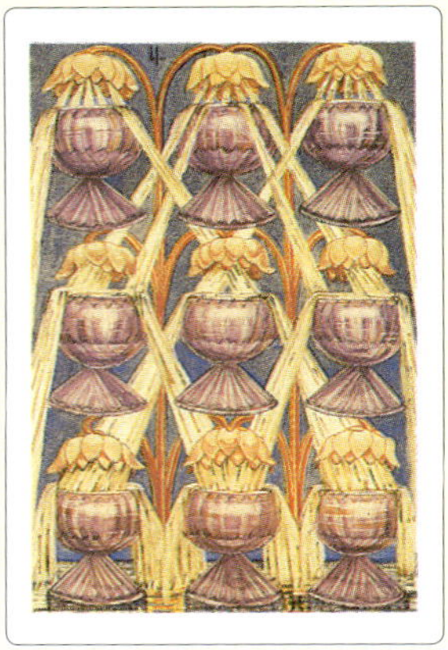

Du bist wichtig – ein wertvoller Teil von etwas Großem! Ein Glück, wenn »alle Brünnlein fließen«. Oft fürchten wir uns vor unseren Gefühlen. Dabei kann man auf Dauer gar nicht gegen seine Gefühle leben – sie holen uns ein und überfallen uns, wenn wir sie nicht »freiwillig« beachten.

Aber was ist in den Kelchen enthalten? Oft sagt man pauschal: »Bau auf dein Gefühl!« Dabei gibt es auch unwahrhaftige Gefühle und unzutreffende Ahnungen!

Man muss unterscheiden und auswählen, was sinnvoll ist und was nicht. Dafür muss man auch einmal aus der Reihe tanzen. Könnte das ein Problem für dich sein?

LIEBE Hab den Mut, einen Unterschied zu machen! Lass dich nicht von Peinlichkeiten erschrecken oder von Sonderbarkeiten faszinieren. Bleibe dir selber treu! Dann gewinnst du den Reichtum großer Gefühle ohne unerfreuliche Nebenwirkungen.

GLÜCK »Alles an dir ist wertvoll, wenn du es nur besitzt« (Sheldon B. Kopp). Du bist ein Glückskind: Zufriedenheit, Genuss, Ruhe und Harmonie erwachsen dir aus deiner aktiven Annahme des Lebens und deiner Erfahrungen.

ERFOLG In der Ruhe liegt die Kraft. Lebe die großen Gefühle – nichts Menschliches bleibt dir fremd, und keines deiner wichtigsten Bedürfnisse geht leer aus! Spiele auf der gesamten Klaviatur der Gefühle und Bedürfnisse! Ohne ständige Bewertung und Beurteilung kannst du viele Seiten entfalten und Erfolge erzielen, die wirklich befriedigen.

ZEHN KELCHE

Große Gefühle und Leidenschaften bewegen dich. Sie erheben und erfüllen dein Leben. Doch Vorsicht vor »abgehobenen« Wunschträumen und Illusionen! Baue den Gefühlen sinnvolle Wege und Brücken, und du wirst großes Glück erfahren. Stecke deine Emotionen nicht in ein »Gefühlskorsett«. Schon mancher hat sich aus Angst vor »zuviel« Gefühl hinter steifen Ritualen oder hermetischen Glaubensvorstellungen verschanzt. Das soll dir nicht pasieren!

Im positiven Fall signalisiert diese Karte wirklich wunderbare Erlebnisse und Ereignisse. Sie steht für die glücklichen Leidenschaften, für die produktive Aufhebung von (menschlichen oder persönlichen) Gegensätzen jeder Art! Welche Gegensätze kannst du vereinen?

LIEBE Du bist wie ein Kraftfeld, in dem du und andere sich wohl fühlen. Die Kunst ist, sich zu »trauen«, einen Lebensentwurf zu wagen, der alle Quellen erschließt und fruchtbar macht.

GLÜCK Du erlebst Freuden, die du wie Geschenke erhältst, die aber im Endeffekt Ergebnisse deiner Bereitschaft sind, offen zu sein und zu empfangen. »Sieh eine Welt in einem Körnchen Sand/ und einen Himmel in der wilden Blume,/ greif das Unendliche mit deiner Hand/ und fühle Ewigkeit in einer Stunde« (William Blake).

ERFOLG Deine Wünsche verwirklichen sich in einem bunten, facettenreichen Leben. Du findest Lieben und Beziehungen, die dich ganz erfüllen. Verstehe, was andere sagen – und was sie tatsächlich wollen. Deine Bereitschaft, mit Beziehungen und Situationen kreativ umzugehen, ist es, die deine Sehnsüchte erfüllt.

KÖNIGIN DER SCHWERTER

Du zeigst Profil durch Klarheit und Offenheit! Drei Gesichter sind im Bild zu sehen: Vergangenheit, Gegenwart, Zukunft; Ich, Es und Über-Ich. Nimm – dir und anderen – die Maske aus falschem Stolz ab. Schaue hinter die Kulissen angeblicher Sachzwänge und vermeintlicher Ausweglosigkeiten. Was immer auch geschieht, *es gibt (mindestens) eine Alternative!* Entwickle deine Urteilskraft.

Sei behutsam in deinen Bewertungen und liebevoll in deinen Beurteilungen. In der Macht des Schwertes liegt es, die geistigen Kapazitäten zu entfalten und zu verfeinern. Und dazu gehört es auch, Worte und Wörter für Erfahrungen zu finden, bei denen bislang Sprachlosigkeit herrschte.

LIEBE Du bist eine starke, souveräne Persönlichkeit mit großer Power und einem ausgeprägten Sinn für Gerechtigkeit. Konsequent und ausdauernd dringst du auf Klarheit. Du bekämpfst Unterdrückung und Abhängigkeit. Du bewahrst deine Freiheit und die anderer.

GLÜCK »Über den Wolken muss die Freiheit wohl grenzenlos sein« (Reinhard Mey). Die Grenzenlosigkeit der Erfahrungen macht Angst. Du kennst diese Angst – und überwindest sie, indem du damit lebst. Das gibt dir eine große Fähigkeit, dich auf Situationen und Ereignisse einzulassen, ja, in ihnen stets völlig anwesend zu sein. Du beurteilst die Menschen nach deinen Erfahrungen in der Situation, nicht nach Vorurteilen oder gängigen Konzepten. Und: Du darfst deinem Urteil vertrauen.

ERFOLG Schaue hinter die Kulissen. Riskiere ein freies, unabhängiges Urteil. Du hast nichts zu verlieren außer einigen Vorurteilen. Trenne hindernde Verpflichtungen auf. Zeige Gesicht.

PRINZ DER SCHWERTER

Du bist der König deiner Entscheidungen. Viele Gedankenfäden gilt es hier zu sammeln und in *einer* Hand zu halten. Sie in die Hand zu nehmen, heißt auch, sie zu begreifen. Erfahrungen zu verarbeiten, bis sie wirklich klar sind, das bedeutet, Diamanten zu fördern und deinen Stern zu finden!

Du besitzt die (Auf-) Gabe, Ideen und Wissen in effektiver Weise anderen mitzuteilen und auf andere zu übertragen. Doch die Grenze zur »Fernsteuerung«, zur unmerklichen Manipulation der anderen ist dabei oft nicht weit. Das größte Risiko besteht indes darin, dass du dich selbst manipulierst. Solange du das Unbewusste nicht richtig beachtest (etwa nach dem Motto »Was ich nicht weiß, macht mich nicht heiß« oder »Es hat sich ja noch keiner beschwert!«), verpasst du deine größeren Möglichkeiten.

Der »Prinz der Schwerter« steht für die Souveränität im Umgang mit den *Waffen des Geistes*. Du besitzt und du brauchst viel Wissen und ein aktives Gewissen, Mut zur Unkonventionalität und Treue zu dir selbst. Schütze dich vor schwärmerischen, idealistischen oder zynischen Geisteshaltungen.

LIEBE In dir stecken große Visionen und Passionen.

GLÜCK Du bist in besonderem Maße in der Lage, dein Leben selbst zu organisieren. Das geht manchmal bis zu schwierigen und schmerzhaften Erkenntnis- und Entscheidungsprozessen. Aber du bist es dir schuldig, deinen eigenen Weg zu finden und durchzuhalten. Dafür hast du die Kraft.

ERFOLG Bewahre und bestärke deine persönliche Unabhängigkeit! Erhalte die unbegrenzten Möglichkeiten des Geistes und bewältige die konkreten Notwendigkeiten, die vor dir liegen.

RITTER DER SCHWERTER

Wilder Sturmritt der Gedanken. Geistige Rasanz und Radikalität. Beflügelnde Begeisterung und fanatischer Enthusiasmus können in den aktuellen Fragen mitspielen. Da das Schwert für das Luftelement des Geistes steht, bezieht sich das außerordentliche Tempo von Ross und Reiter vor allem auf die *Geschwindigkeit der Gedanken.*

Bringe also Licht in deine Fragen und ziehe klare Konsequenzen. Gehe in deinen aktuellen Entscheidungen aufs Ganze: Bevorzuge solche Lösungen, die deine Integrität und deine Zufriedenheit auf Dauer fördern.

LIEBE Du bist eine ausgesprochen energische Persönlichkeit mit Mut und Risikobereitschaft. Du willst keine halben Sachen, da bist du radikal. Du willst die ganze Wahrheit erfahren und neue Wahrheiten ausprobieren. »Denn wenn man was liebt,/ was man eigentlich kaum bekommen kann,/ was unerreichbar fern erscheint,/ wird man ein Stück traurig./ Wird man ein Träumer./ Oder man wird ein Radikaler./ Oder/ ein radikaler Verwirklicher seiner Träume« (Susanne Zühlke).

GLÜCK Lass die Schubladen des Denkens hinter dir. Versteck dich nicht hinter dem, was »man« macht oder sagt. Entfalte dein Denkvermögen. Radikalität bedeutet dabei im Übrigen nicht immer große – oder gar hektische – Aktivität; oft sind es auch kleine Bewegungen und Veränderungen im Alltag, die eine starke Durchschlagskraft entwickeln. Du triffst blitzgescheite, schnelle Entscheidungen.

ERFOLG Die Ziele müssen wirklich stimmen. Dann besitzt du eine große Fähigkeit und Bereitschaft, dich ganz hinzugeben und viel zu erleben und zu erreichen.

PRINZESSIN DER SCHWERTER

Probiere dein neues Schwert aus. (Vorsicht, scharf!) Ein freies und abenteuerliches Denken, das als *Brainstorming* für den Austausch vielfältiger Ideen und Assoziationen sorgt. Geistige Beweglichkeit oder »Windmühlenkämpfe«? Das »Fähnchen nach dem Wind hängen«? Freude an gedanklichen Experimenten?

Sorge für frischen Wind und langen Atem. Der Wert einer neuen Idee bemisst sich nicht an dem, was ist, sondern an dem, was *wird*. Schütze dich vor »Argumenten«, die lediglich aus der Luft gegriffen sind. Gehe aufmerksam mit den Vorstellungen um, die du und deine Mitmenschen im Kopf haben. Hüte dich vor Gutgläubigkeit und Ahnungslosigkeit. Finde heraus, welche Lücken des Wissens für dich zu vermeiden sind und welche nicht.

LIEBE Du kannst mit deinen Ideen andere Menschen ansprechen und überzeugen. Du bist dabei energisch, spontan und aufgeschlossen. Du begibst dich nicht in ungewollte Verpflichtungen oder Abhängigkeiten; wo du dich jedoch engagierst, bist du zuverlässig und verantwortungsbereit. Du kennst keinen Absolutheitsanspruch. Neue Erkenntnisse und neue Konzepte sind deine Sache. Teste neue Ideen und neue Ansätze.

GLÜCK Du bist eine geistig bewegliche Persönlichkeit. Sanft und wild widersprichst du Vorgesetzten und Autoritäten, legst Schwachstellen bloß, machst Verbesserungsvorschläge und hast immer eine Menge neuer Ideen. Du gehst deiner Wege und lässt dich nicht auf bestimmte Rollen festschreiben. Dringe weiter auf Aufklärung.

ERFOLG Halte das Schwert selbst in der Hand. Gib dein Urteilsvermögen nicht an andere ab.

ASS DER SCHWERTER

Scharfer Verstand ist zweischneidig. Das Schwert-Ass steht für geistige Energie in reiner, konzentrierter Form. Es geht um die Elektrizität, welche die Gedanken knistern lässt: Die Krone der Schöpfung, andererseits eine maximale Entfremdung von der Natur.

Jedes Ding hat seine sprichwörtlichen zwei Seiten; für das zweischneidige Schwert gilt dies erst recht.

Nimm es als Geschenk und als Auftrag, das Schwert neu zu ergreifen und neue Lösungen, neue Entscheidungen zu finden! Der Geist, der alles durchströmt, schafft auch Universalität und Einheit. Es ist ein Vorurteil, dass der Geist nur für Trennungen sorgt.

LIEBE Wie ein Adler siehst du die Dinge deutlich und scharf im Einzelnen wie in ihren Zusammenhängen. Die Karte signalisiert eine geniale, freie Sicherheit, die du zum Teil schon besitzt und zum Teil noch erwerben wirst.

GLÜCK Spüre den einen Geist, der in allem wohnt und der auch dich ganz durchströmt! Ein Neuanfang des Denkens bringt dir Glück. Die Fruchtbarkeit des Geistes bemisst sich in der Aufhebung, der Verfeinerung und Erfüllung der Bedürfnisse – das ist der Maßstab.

ERFOLG Erhebe dich, richte dich auf und erfreue dich an einer neuen Klarheit. Für deine aktuellen Fragen bedeutet diese Karte, das Bewusstsein zu schärfen, Widersprüche zuzuspitzen und auf einen Nenner zu bringen. Sorge für eine Einheit von Denken und Tun. Befreie dich von unangebrachten Zweifeln und Zweideutigkeiten.

ZWEI SCHWERTER

Mit der Kraft des Geistes ermittelst du dein Urteil und vertrittst deine Entscheidung. Du hast die Schwerter, die Waffen des Geistes, ergriffen. Du kennst diese Nahtstelle *zwischen* Tag und Traum, zwischen Schlafen und Wachen. Halte diesen Übergang offen.

Sobald du Gefühle und Fantasien sortieren kannst, gewinnst du Einsichten in Bereiche, die über jedes vordergründige Hörensagen weit hinausgehen. »Frieden« und Einsicht kommen nicht von selber. Bestimmte Gefühle und Bedürfnisse warten jetzt auf eine Klärung und rufen nach einer Entscheidung. Vage Vorstellungen gehen oft mit Nervosität, Angst, Kopf- und Bauchschmerzen einher. Doch das stehst du durch! Sei bereit zu Kritik – und zu Selbstkritik! Sammle nicht nur Informationen oder Erklärungen, sondern finde zu einem wirklichen Verständnis.

LIEBE Der Augenschein hilft nicht weiter. Besser ist es, Gefühle und Träume zu deuten, Erfahrungen zu »verdauen«. Je deutlicher du dabei Fantasie und Wirklichkeit zu unterscheiden weißt, umso leichter wirst du zur Ruhe kommen. Neue Freude und eine neue Leichtigkeit in der Partnerschaft werden der Lohn sein.

GLÜCK Ambivalenz, Mehrdeutigkeit und Widersprüchlichkeit gehören zum Leben. Du lässt dich von der Fülle unterschiedlicher Erfahrungen nicht entmutigen und versteckst dich nicht hinter Unentschlossenheit oder Koketterie. Tu, was du zu tun hast: »Qui vivra verra«. (»Wer lebt, wird sehen.«)

ERFOLG Bringe deine Fantasie ins Spiel, und der Erfolg ist auf deiner Seite. Es gibt kein absolutes Richtig oder Falsch, wohl aber das, was für dich jetzt richtig ist.

DREI SCHWERTER

Du hast ein paar geistige »Nüsse« zu knacken! Wenn du diese Karte ziehst, kannst du aufhören, dir oder anderen etwas vorzumachen. Jetzt bietet sich eine besondere Chance, zu verstehen, was dich wirklich betrifft und welche Argumente zusammenpassen. Verarbeite deine Erfahrungen.

Diese Karte ist oft als »Kummerkarte« missverstanden worden – ein großer Irrtum. Tatsächlich handelt sie auch davon, dass man sich um etwas *kümmert*, dass Einsicht und Erkenntnis auf einen Nenner kommen. Das Bild lässt sich als Schema des Gehirns deuten; dann zeigt es, wie verschiedene Stränge, Wellenmuster und Gedankensplitter zusammenwirken, kurz, wie Einsichten verarbeitet werden.

Eine *Schnittstelle* oder ein Interface verbindet verschiedene Systeme. Ebenso werden hier Eigenes und Anderes, Bewusstes und Unbewusstes, äußere Argumente und inneres Erleben miteinander verbunden. Es gibt eine wunderbare neue Lösung, und diese erkennst du allmählich.

LIEBE Riskiere mehr Aufrichtigkeit. Du kannst dabei nur gewinnen. Mach aus deinem Herzen keine Mördergrube.

GLÜCK Die Kraft der Ehrlichkeit. Lass dich von Problemen oder Schwierigkeiten nicht lähmen und nicht in Rage versetzen. Es gibt unvermeidliche Schwierigkeiten, die wir ertragen müssen, und vermeidbare Fehler, die wir beheben können. Gerade in der Fähigkeit, Mängel und Fehler auszugleichen, liegt die große, fruchtbare und trostbringende Kraft des Geistes. Nutze sie!

ERFOLG Komm auf den Punkt, halte dich an das Wesentliche. Wenn du erkennst, was dich tief im Herzen bewegt, kannst du anfangen zu tun, was du wirklich willst.

VIER SCHWERTER

Eine Sternstunde der Erkenntnis. Diese Karte steht für Ruhe, Konzentration, innere Sammlung und Reifung. Sei es, dass du viel getan und erlebt hast, was du nun zu »ventilieren« hast. Sei es, dass wichtige Ereignisse vor dir stehen. Wie ein Musiker oder ein Sportler, der eine Übung schon hundertmal vollbracht hat, sich jedoch jedes Mal wieder konzentrieren und bereitmachen muss.

In vielen Fällen betrifft die Karte jedoch keine äußere, sondern die geistige Ruhe. Diese aber ist gleichbedeutend mit persönlicher Zufriedenheit und einem guten Gewissen. Das Mandala in der Mitte ist ein Symbol der Schönheit des Bewusstseins und des Friedens des Geistes.

Viele Eindrücke sind zu verarbeiten, bis alle Kräfte glücklich zusammenwirken. Aus vielen Gedanken und Erfahrungen *ein* ganzes und geschlossenes Bild zusammenzusetzen, das ist auch die positive Seite der *Einbildungskraft*, der Gabe der Imagination – und darauf kommt es jetzt an.

LIEBE Mach dich nicht zum Opfer lebloser Ideale. Mit einem guten Gewissen fühlst du dich leicht und lebendig.

GLÜCK Wichtig für dein Glück sind Einkehr, Besinnung und Meditation. Die selbst gewählte Distanz zum geschäftigen Trubel ermöglicht dem inneren Wissen, zutage zu treten. Gönne dir diese Zeit.

ERFOLG Je mehr du deine geistige Kapazität gebrauchst, desto stärker wird sie. Nur ein ungenutzter Geist verschleißt. Ob deine Vorstellungen stimmen oder nicht, erkennst du daran, dass du auch in großen Drucksituationen einen klaren Kopf behältst.

FÜNF SCHWERTER

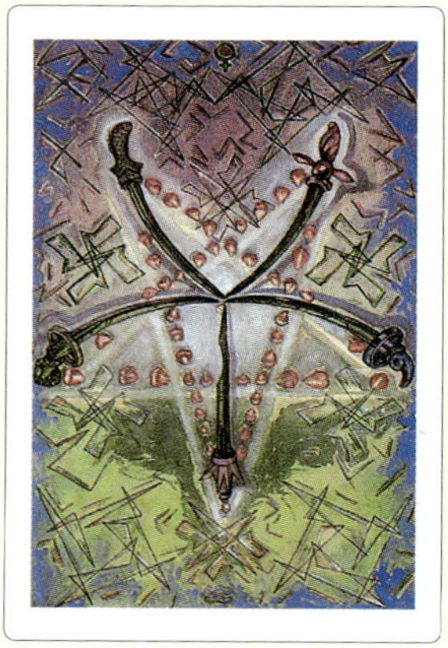

Du kommst auf den Punkt und akzeptierst endlich die ganze Wahrheit! Du sammelst »Schwerter« – und ziehst die Summe (Quintessenz) aus deinen Erfahrungen. Nimm Probleme, Sorgen und Schwachpunkte ernst. Du brauchst keine Angst davor zu haben, im Gegenteil!

Der aufgedruckte Untertitel »Niederlage« ist wieder einmal irreführend. Das Bild selber sagt viel mehr aus: Die fünf Schwerter sind verbogen und angeschlagen. Das heißt aber auch: Sie sind gebraucht, mit ihnen hat man Erfahrung gesammelt. Blutstropfen verbinden die Schwerter; sie zeugen von Verletzung und Leid. Aber auch: Hier werden mit Herzblut die Waffen des Geistes geführt. Die Blutstropfen bilden ein Pentagramm mit der Spitze nach unten; also: Negative, abwärtsgerichtete Energie. Aber auch: Rückbindung des Geistes an die Materie; die Kunst, das Bewusstsein zu erden und fruchtbar zu machen. Die Schwerter richten sich gegeneinander. Aber auch: Sie treffen sich endlich in der gemeinsamen Mitte.

LIEBE Wirf die Flinte nicht ins Korn. Lass dich von anderen nicht »herunterputzen«. Sei bereit zu Kritik und Selbstkritik. Du findest einen neuen Ansatz und mehr Verständnis.

GLÜCK Suche nach dem *Sinn* von Siegen und Niederlagen und respektiere den Wert der Erfahrung, der darin zum Ausdruck kommt. Dein Glück wächst, weil Liebe und Einsicht wachsen. Fürchte dich nicht.

ERFOLG Neue Erfolge sind angesagt: Schalte nicht ab, wenn es Schwierigkeiten gibt, sondern mobilisiere deine ganzen geistigen Kräfte. Hol dir Hilfe und stehe anderen bei. So wirst du Ohnmachtsgefühle los und sorgst für ein neues Wohlergehen.

SECHS SCHWERTER

Du verstehst, was in dir vorgeht und wohin du dich entwickeln willst! Gut so. Lass deine Intelligenz wachsen. Dein Bewusstsein kann sich auf komplexe und vielfältige Weise ausdrücken, Eindrücke aus den unterschiedlichsten Richtungen aufnehmen und auf einen Nenner bringen. Vergiss nicht, wo du herkommst und wo du hinwillst.

Wehre dich dagegen, wenn dir jemand etwas Unverträgliches eintrichtern will. Und *freue* dich über hilfreiche Einflüsse von außen, über geistige Begegnungen und »Impfungen«, die deine Immunität erhöhen – und dadurch den Wirkungskreis vergrößern, in dem du geschützt und sicher operieren kannst!

Alte und neue Wirklichkeiten mischen sich. »ich bin/ an mauern/ entlang gewachsen/ die steine/ hab ich/ zertrümmert/ aber/ ich trage/ noch lang/ ihr muster« (H.C. Flemming).

LIEBE Schließe nicht von dir auf andere – respektiere den Abstand, den Unterschied und die notwendige Übersetzung zum anderen. Begreife die Bedürfnisse deiner Mitmenschen. Und mache ihnen begreiflich, was dich motiviert. Setze deine ganzen Kombinations- und Vermittlungskünste ein, damit es zwischen deinen Mitmenschen und dir *fließt* – und du im Strom der Ereignisse einen eigenen Kurs steuern kannst.

GLÜCK Suche die *Erfahrungen* und die Motive, die *hinter* den Lehrsätzen stehen. Verstehst du, was andere *im Grunde* mit dem meinen, was sie tun oder sagen?

ERFOLG Befreie dich von Wiederholungszwängen. Brich auf zu neuen Ufern!

SIEBEN SCHWERTER

Du schaffst es! Die Anmut des Geistes und die Kraft der Argumente setzen sich durch!

List, Intrige, Vergeblichkeit werden dieser Karte zugeschrieben. Doch solch unerquickliche Bedeutungen besitzt diese Karte dann und nur dann, wenn man nichts verstehen will!

Hab keine Angst vor Erörterungen. Jedes Argument, das du berücksichtigst, auch und gerade wenn es erst einmal gegen dich gerichtet ist, *stärkt* im Ergebnis deine Position. Gegenläufige Tendenzen zeigt das Bild durch die Anordnung der sechs kleinen Schwerter gegenüber dem einen großen. Mit einem beweglichen Bewusstsein und langem Atem gelingt es dir, diese Tendenzen und »gegnerische« Urteile aufzunehmen und zu verarbeiten. Das macht den Weg frei, und dein Selbstverständnis entwickelt sich von einem schmalen Pflänzchen zu einem ausgewachsenen Baum, wie ihn sieben Schwerter als Summe darstellen.

LIEBE Lass dich von Problemen und Widersprüchen nicht einschüchtern. Gehe deinen Weg. Arbeite mit deinen Träumen und kläre deine Zielvorstellungen in der Liebe.

GLÜCK Viele Kämpfe hast du nur deshalb auszufechten, weil du zu wenig Mut für deine Träume hast, und der Mut wird immer schwächer, je länger du aus Angst vor der eigenen Courage nicht loskommst. Alle wichtigen Schlachten trägst du in dir selbst aus.

ERFOLG Begreife die momentanen Auseinandersetzungen als Beitrag dazu, deine Aufgabe und deinen Platz in der Welt besser zu verstehen. Finde heraus, welche Rätsel für dich typisch sind. So wirst du Bedeutendes erleben und bewirken.

ACHT SCHWERTER

Acht Schwerter wie Schienen und Bahnschwellen. Glückwunsch! Du weißt deinen Weg zu planen. Du fasst alle Argumente zusammen, ziehst daraus die Konsequenzen und bringst den Zug ins Rollen. »Es gibt Gedanken, die du nicht begreifen kannst, ohne dein Leben zu verändern« (Werner Sprenger).

Die Farbe Violett stellt Grenzerfahrungen dar – die letzte Stufe vor dem Ultravioletten, an der Schwelle vom Sichtbaren zum Unsichtbaren. Viele Argumente und Einflüsse überlagern sich.

Wenn du jedoch weißt, dass du gewisse Schwellen zu überwinden hast und dass dir die »Waffen des Geistes« zur Verfügung stehen, dann wird es leichter, unangemessene Hemmungen oder Abhängigkeiten aufzuheben.

LIEBE Trenne hindernde Verpflichtungen auf, sei dir selbst und anderen gegenüber konsequent! Entwickle deine eigenen Regeln.

GLÜCK Dir wird bewusst, dass du viele Fähigkeiten besitzt. Lass dich von »Schwellenängsten« nicht aufhalten. Irgendetwas stimmt vielleicht nicht an dem Bild, das du dir von dir gemacht hast. Warte nicht auf Hilfe von außen. Du entscheidest über dein Glück und deine Freiheit.

ERFOLG Wenn Denken und Handeln sich vernetzen und wechselseitig binden, wirst du bemerkenswerte Fortschritte machen.

NEUN SCHWERTER

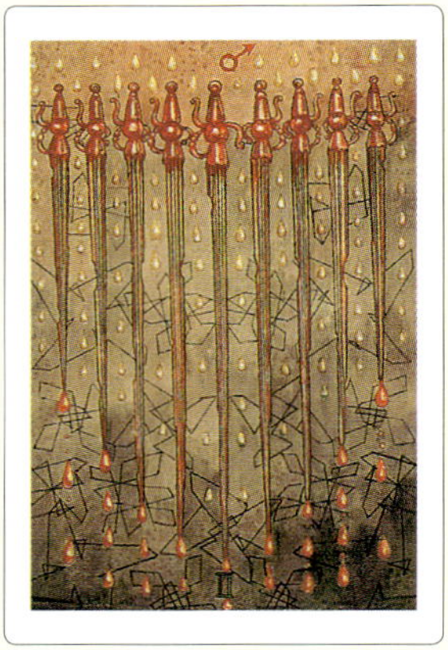

Deine Erkenntnisse gehen dir in Fleisch und Blut über. Aus Gedanken werden Taten, und aus Erfahrungen werden Einsichten.

Krasse Kontraste zeigen sich hier: Überspitztheiten, Haarspaltereien, Quälereien oder Gliederung, Sortierung und Lichtung des Chaos. Der Titel »Grausamkeit« erfasst – wie alle Untertitel im Crowley-Tarot – nur einen winzigen Aspekt der Karte. Das Bild stellt nicht mehr und nicht weniger dar, als dass sich auf breiter Front Herz und Verstand, die »Waffen des Geistes« und das Herzblut entweder ergänzen oder bekämpfen.

Begreife die Konsequenzen und die Bedeutungen deiner Gedanken. Erweitere deinen geistigen Horizont.

LIEBE In das Chaos kommt Klarheit. Nimm's an! Du wirst mit Wachheit, Klarheit und Helligkeit konfrontiert. Gewöhn dich daran ohne Druck. Entspann dich. Deine Freiheit ist keine Bürde. Wie du bist, so ist es gut. Sei bereit, ganz da zu sein, aus dir heraus zu handeln und auf das, was geschieht, Antworten zu geben. Das ist deine Verantwortung. Du brauchst nichts zu beweisen. Sei dein Freund / deine Freundin und liebe dich.

GLÜCK Die andere Seite: Dir dämmert's. Du schreckst auf. Es könnte gefährlich werden. So geht's nicht weiter. Du musst aussteigen, wenn die jetzige Situation nicht unerträglich werden soll. Lange genug bist du falschen Vorstellungen nachgerannt. Die Entwicklung ist noch umkehrbar. Du hast in der Vergangenheit gewählt und kannst jetzt und in Zukunft neu wählen.

ERFOLG Hüte und schütze dich vor Kurzschlüssen. Zähle eins und eins zusammen! Gewöhne dich langsam an neue Erkenntnisse und Vorstellungen.

ZEHN SCHWERTER

Die Sonne des Geistes – die bewusste Entscheidung für die Liebe ist die stärkste Waffe. Zum Untergang verurteilt sind untaugliche Gedanken und fruchtlose Auseinandersetzungen.

Die Schwerter sind teilweise angeschlagen, bei dem einen oder anderen ist die Spitze abgebrochen. Das bedeutet aber auch, die Schwerter sind gebraucht und benutzt worden. Sie haben ihren Dienst als »Waffen des Geistes« erfüllt. Die Schwertknäufe markieren die zehn Stationen (Sephiroth) des kabbalistischen Lebensbaumes. Mithin ein Symbol der Ganzheit, der *Vollendung* des Denkens. Du kannst jetzt die Früchte des Geistes ernten. Worin bestehen diese Früchte?

Ein Zen-Spruch sagt: »Triffst du Buddha unterwegs, töte ihn!« Das bedeutet: Räume alle Idole, vermeintliche Autoritäten sowie alle unwirklichen Selbst-Ideale aus dem Weg. Der wirkliche »Buddha« sprengt solche Vorstellungen.

LIEBE Jenseits von Angst und falscher Sicherheit: »Es ist, was es ist, sagt die Liebe« (Erich Fried). Es gibt viele »richtige« Berufe, Lieben und Erfolge.

GLÜCK Akzeptiere dich ohne bestimmte Vor-Erwartungen und Vorurteile. An die Stelle von festen Konzepten, ständiger Kontrolle und Rechtfertigung tritt die Fähigkeit, den Augenblick anzunehmen, in der Situation zu entscheiden und zu antworten. Wach sein für die Erfordernisse des Augenblicks bringt größtes Glück. So wie es ist, ist es gut.

ERFOLG Sei bereit, auch ohne Vorbild zu handeln. Deine Atmung und deine Gedanken sollen ruhig fließen. Höre auf, dir allzu viele Gedanken zu *machen*.

KÖNIGIN DER SCHEIBEN

Ein langer Weg liegt hinter dir, und große Aufgaben stehen vor dir. Du bist dazu berufen, einen Unterschied zu machen – als »Königin« und Meisterin den Wert und den besonderen Reichtum, den dein Dasein bedeutet, zu verwirklichen: Talent ist Auftrag. Besinne dich auf deine wahren Werte.

Überheblichkeits- und Minderwertigkeitsgefühle sind dabei nur hinderlich. Kokettiere nicht mit deinen Chancen oder Schwierigkeiten. Du besitzt besondere Begabungen und besondere Handicaps, daraus etwas Wesentliches von bleibendem Wert zu machen, das wiegt.

Konzentriere und entspanne dich: Alles hat seine Zeit, jedes Ding nimmt seinen Lauf, den du durch Einmischung und Hektik, aber auch durch Gleichgültigkeit oder Abwarten nicht ändern kannst.

LIEBE Du lebst aus dem Bauch heraus, verwurzelt und leidenschaftlich. Die Zyklen von Kommen und Gehen, von Geburt, Leben und Tod sind dir vertraut. Das gibt dir viel Wärme und eine erotische Ausstrahlung. Wer von dir beschützt wird, kann sich ohne Sorge bewegen. Sorge auch gut für dich!

GLÜCK Wenn du diese Karte ziehst, kommt es auf die Souveränität in der praktischen Lebensgestaltung an. Unterscheide Spitzenleistungen von falschem Ehrgeiz, Verborgenes von Abwegigem. Begreife deinen Anteil an der Welt und nimm Einfluss.

ERFOLG Wege und Umwege, Schwierigkeiten und Lernaufgaben gehören dazu, wenn du den persönlichen Gipfel erreichen willst. Teile dir deine Aufgaben ein, um auch im Alltag Berge zu meistern: »Tue erst das Notwendige, dann das Mögliche, und plötzlich schaffst du das Unmögliche« (Sprichwort).

PRINZ DER SCHEIBEN

Du thronst inmitten deines Werkes. Du bist eine schöpferische Persönlichkeit, und ein bodenständiges Bewusstsein verleiht dir Kraft und Ausdauer. »Es ist sinnlos, von den Göttern zu fordern, was man selber zu leisten vermag« (Epikur).

Worauf also solltest du warten? Du bist ein Genießer, der Planer und Organisator zugleich ist und der durch seine Arbeit zur Ruhe im Leben findet. Bewähre und entwickle dich als Architekt und Baumeister deines Lebens. Beende lästige Pflichten – oder wandle sie in Arbeiten um, die du genießen kannst.

LIEBE Du bist ruhig, zielstrebig, witzig und genießerisch. Du brauchst klare Verhältnisse und eine solide Basis, auf der Leben und Beziehungen gedeihen können. Liebe geht dir durch den Magen und durch alle Sinne. Du schaffst eine Atmosphäre von Wohlbehagen, Geborgenheit und Freude.

GLÜCK Die Weintrauben symbolisieren den Genuss des Lebens, und zwar sowohl den sinnlichen wie auch den sinnhaften, den körperlichen und den geistigen Genuss! Nicht umsonst heißt es, »im Wein liegt Wahrheit«. Zugleich aber ist der *Weinberg* ein Inbegriff der harten, anstrengenden Arbeit, die dazu erforderlich ist, die Erde umzugestalten und dein »Schloss« zu errichten. Glücklich, wenn du deine verschiedenen Arbeiten zu *einem* Gesamtkunstwerk – einem Lebenswerk – zusammenfügen kannst.

ERFOLG Die Karte der Vermögensplanung und der Vermögensverwaltung: Du selber bist dein Kapital – Acker und Ernte, Weinberg und Wein. Stelle eine Bilanz auf, welche wichtigen Ziele du erreicht hast und welche noch fehlen. Schaffe Vorräte und nutze Reserven.

RITTER DER SCHEIBEN

Ein Ritter, gut gerüstet, mit der SCHEIBE in der Hand. Es gibt etwas zu erledigen und zu *ernten* in diesem Leben und am heutigen Tag! Jetzt gilt es, einige Aufgaben mit Besonnenheit und Gelassenheit abzuarbeiten. Scheue dich nicht vor notwendigen Auseinandersetzungen. Hab Vertrauen in deine Fähigkeit, Probleme in Ordnung zu bringen, Ängste zu beseitigen und Wünsche zu erfüllen.

Du schaffst dir eine angenehme Lebenssituation, die auf deiner praktischen Lebenseinstellung beruht und darauf, dass dein Leben im Fluss ist. Du lebst unbeeindruckt von aufgesetzten Idealen, die dich von deinem Kern abziehen würden.

LIEBE Die Freuden dieses »Ritters« erwachsen aus seinem Verständnis der natürlichen Grenzen und der Einheit allen Lebens. »In der Beschränkung zeigt sich der Meister«, und das gibt dir die Reife, loszulassen und dich einzulassen.

GLÜCK Du bist eine kraftvolle, gelassene Person. Du stehst auf deinem bestellten Land und kannst die Dinge wachsen lassen. Du weißt, du lebst nur hier und jetzt, und für dich ist entscheidend, dass du dir das Leben angenehm und behaglich machst. Deine Stärken sind die Lebensqualität, das konkrete Extra, ein persönlicher, »angemessener« Luxus. Du hast jedes Recht, deinen Luxus zu genießen.

ERFOLG Abkürzungen auf dem Weg zum Erfolg: Verzeihe dir und anderen, nicht perfekt zu sein. Auch der »Mist«, den wir alle produzieren, ist noch nutzbar – als Dünger und Humus. Du kannst deine Mitmenschen nicht ändern, aber sie so nehmen, wie es ihren Talenten entspricht, und so einsetzen, dass ihre Talente optimal zur Geltung kommen.

PRINZESSIN DER SCHEIBEN

Entdecke deine Talente! Die eigenen Talente sind oftmals noch verborgen, entweder weil man sich selbst nicht für wichtig nimmt oder weil wir einen falschen Begriff von Talenten haben und nur bei Spezialisten oder Sensationsdarstellern ein besonderes Talent vermuten. Tatsächlich aber besitzt jeder Mensch besondere Talente, weil er/sie besondere Erfahrungen und Erwartungen verkörpert. Man muss »nur« den Wert dieser Prägungen herausfinden, und diese Karte ist dazu ein guter Anlass.

Im Unscheinbaren steckt auch das Un-Scheinbare, also das Wesentliche und Typische, worauf es ankommt. Man muss das Vertraute filtern. Es ist wie mit dem Gold, das unerkannt auf der Straße liegt: Auch das eigene Talent ist immer vorhanden, doch man sieht es zuerst nicht. Stelle dich auf neue praktische Möglichkeiten ein und nutze sie!

LIEBE Lass dich auch von Schwierigkeiten nicht entmutigen. Vergiss nicht, dass Schönheit und wahre Werte oft zunächst im Verborgenen blühen und dort abgeholt werden wollen.

GLÜCK Deine »Scheibe« ist ein Geschenk des Lebens, sie spiegelt wider, dass du selber ein *Schatz* für dich und deine Umgebung bist, wenn du dein Talent begreifst. Du hast jetzt schon alles, was du brauchst.

ERFOLG Jede praktische Neuerung, jeder Zugewinn und jede neue finanzielle Chance hängen auch damit zusammen, dass du dein Talent – deine Begabungen und deine Aufgaben – besser verstehst. Prüfe Erlebnisse und Ergebnisse. So hebst du die »Scheibe« auf, das Gold, das auf der Straße liegt.

ASS DER SCHEIBEN

Das Gesicht der Materie. Diese Karte steht für die in sich ruhende, bewegte und bewegende Energie der Erde. Das »Ass der Scheiben« ist im wahrsten Sinne des Wortes eine *runde Sache* – unendlich wie der Kreis oder die Materie. *In* der Materie stecken Leben und Dynamik.

Und: *Du selber bist wie eine Scheibe.* Auf der einen Seite steht die Frage »Wie bin ich geprägt worden?«, auf der andere Seite »Wie präge ich selber?« Wie eine geprägte Scheibe oder Münze besitzt jeder Mensch hervorragende und weniger hervorragende Anteile. Jeder Mensch besitzt bestimmte Begabungen und bestimmte Handicaps.

Annahme und Aufhebung dieser Prägungen machen das persönliche Talent aus. Manchmal vermitteln große Ereignisse einen Begriff davon; manchmal ist es eine eher unscheinbare »Erbsenzählerei«, die zum richtigen Verständnis der persönlichen Talente verhilft: »Die guten ins Töpfchen, die schlechten ins Kröpfchen.«

LIEBE Was ist die Erde für dich? Eine ruhige Kugel schieben? Wie der Riese Atlas den Globus, die ganze Last der Welt auf deinen Schultern tragen? Begreife die Kraft, die in dir steckt, und deinen Beitrag, auf den die Erde wartet! Nimm die Welt mit Kreativität und Leidenschaft in Besitz!

GLÜCK Die Karte signalisiert ein glückliches, rundes Leben mit allem, was du auf dieser Erde brauchst.

ERFOLG Wir haben die Erde von unseren Eltern geerbt und von unseren Kindern geliehen. Nichts ist folgenlos, und nichts geht verloren. Welche Spuren hinterlässt dein Dasein auf der Erde, welche bleibenden Werte schaffst du?

ZWEI SCHEIBEN

Tanze den Tanz des Wandels. Was für dich wertvoll und wertlos ist, wandelt sich. Du musst besonders gut abwägen. Achte auf die »Zufälle«, die jetzt in dein Leben treten, und unterscheide, ob sie dir etwas zu sagen haben oder nicht.

Deine Chancen und Aufgaben hängen damit zusammen, dich aus vermeintlichen Sachzwängen zu befreien. Es gibt eine Alternative – immer mindestens eine! In dem Moment, wo du sie nutzt, entdeckst du dein eigenes Gewicht und deinen Anteil am Geschehen. Du bist nicht der Diener, aber auch nicht der Beherrscher von Sachverhalten. Da hilft kein »Alles oder Nichts«– weder Pokern noch Hadern mit dem Schicksal.

Es geht um dein Geschick, um eine glückliche Hand für die bestehenden Herausforderungen und Chancen. Es ist Zeit für einen Abschied von manchen Einstellungen und Ansichten, die bisher sehr prägend für dich waren, nun aber wertlos geworden sind. Andere Werte und/oder Lebensbereiche treten in dein Leben. Für die Entfaltung deiner Persönlichkeit ist das schon jetzt ein Segen!

LIEBE Rechne mit unerwarteten Bestätigungen, doch auch mit Verunsicherungen, wenn gewohnte Realitäten um neue Dimensionen erweitert werden. Doch fürchte dich nicht.

GLÜCK Jeder wirkliche Wandel ist mit einer Neubewertung verbunden. Lebensschwerpunkte ändern sich. Bisherige Grundsätze werden zweideutig, prägende Gewohnheiten erscheinen zwiespältig, und neue Aufgaben treten zu alten hinzu! Du stehst dabei *mittendrin* und erfährst dich selber *wie noch nie.*

ERFOLG »Investiere« in deine Persönlichkeitsentwicklung. Das tut dir gut und fördert zugleich das wichtigste Kapital, das du besitzt.

DREI SCHEIBEN

Neue Werte, neue Schätze, neue Gipfel – für dich! Auf den drei rotbraunen Rädern sind die Zeichen aus der Alchemie für Schwefel, Salz und Quecksilber angegeben. Die roten Scheiben erinnern an das ebenfalls alchemistische Symbol der *Koralle*, die die aus dem Urwasser (Meer) geholte, verfestigte *materia prima* (Urmaterie) darstellte.

Traditionell geht es bei dieser Karte um Berufsarbeit. Dahinter steht die Frage der Bewusstseinsentwicklung und der Berufung. Jeder Mensch trifft in seinem Leben auf besondere Herausforderungen, deren Bewältigung nur gelingt, wenn auch verborgene Talente geweckt und innere Anlagen freigelegt werden.

LIEBE Lass dich nicht hinters Licht führen und scheue nicht die Auseinandersetzung mit unbekannten Angelegenheiten. Du entdeckst verborgene Talente!

GLÜCK Du verstehst Arbeit nicht nur als notwendiges Übel. Sie ist für dich auch Erfüllung und Genuss. Du brauchst eine solche Arbeit. Sie wird sich nicht immer mit deinem Broterwerb decken. Wenn sie jedoch dein Ausdruck, dein spezifischer Beitrag ist, dann kannst du damit immer auch Geld verdienen oder eine vorhandene Erwerbstätigkeit zu deiner Sache machen.

ERFOLG Du folgst deiner Berufung und findest eine sinnvolle Arbeit. Ab einem bestimmten Punkt sind nicht mehr bloß das Endergebnis oder irgendwelche Termine wichtig, sondern der Arbeitsprozess als ganzer ist von Bedeutung. Du erfährst, dass dein Beitrag in einem größeren Ganzen eingebettet ist und wirkt; dass auch nebensächliche oder untergeordnete Tätigkeiten einen bedeutungsvollen Teil deiner Arbeit ausmachen.

VIER SCHEIBEN

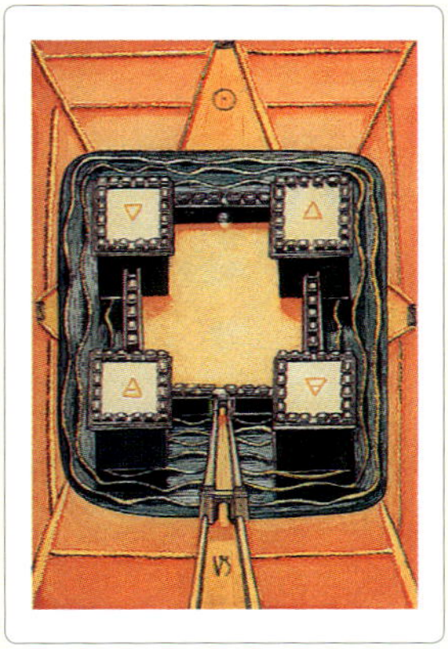

Weil du es wert bist, sei ein »Profi in eigener Sache«: Entrümpele, was nicht zu dir passt. Entdecke die Welt und richte deinen Platz ein. Schaffe neue Formen und passende Normen.

Jede und jeder hat besondere Talente. Spiele also nicht den Helden oder den Versager. Deine Stärken und deine Schwächen besitzen einen eigenen Wert. Sorge dafür, dass dieser sich auszahlt. Die wertvollsten Talente sind die, die am meisten Nutzen stiften. Sie nutzen am meisten, wenn möglichst viele Wünsche damit erfüllt und möglichst viele Ängste abgebaut werden können.

LIEBE Liebe ist nicht nur eine Sache der Gefühle. Liebe bedeutet auch, sich gegenseitig beim Aufbau einer eigenen Existenz zu unterstützen. Gib anderen den Schlüssel zu dir. Betone die Besonderheit deiner Lage. Lass andere an deiner Welt teilhaben.

GLÜCK Du kannst etwas und hast etwas, das dich in deiner persönlichen Eigenart auszeichnet. Mit deinen Kenntnissen und Fähigkeiten schaffst du dir einen befriedigenden Besitz, eine solide Basis. Genieße deine Qualitäten und steh zu deinem Können. Halte dich nicht mit Angebern und Duckmäusern auf. Du kannst es besser!

ERFOLG Manchmal ist es bei dieser Karte wichtig, sich bewusster abzugrenzen, um den persönlichen Eigenwert herauszustellen bzw. überhaupt zu entdecken und zu erforschen. Manchmal kommt es aber auch darauf an, sich mehr zu öffnen und an den eigenen Fähigkeiten und Fertigkeiten möglichst viele Menschen teilhaben zu lassen. Nimm Rücksicht auf die Gemeinschaft. Doch erwarte auch, dass diese Rücksicht auf deine besonderen Begabungen und Aufgaben nimmt.

FÜNF SCHEIBEN

Die fünf Scheiben bilden ein Räderwerk. Dies *kann* eine Tretmühle sein, ein sinnloses Getriebe und eine wirkliche »Quälerei«. Oder aber das genaue Gegenteil: Im positiven Sinne zeigt die Karte keine Spur von »Quälerei«, sondern ein absolut glückliches Zusammenspiel: Verschiedene Personen, Talente usw. wirken zusammen: »Es läuft wie am Schnürchen«. Wer allein arbeitet, dessen Kräfte addieren sich. Wer mit anderen zusammenarbeitet, dessen Kräfte *multiplizieren* sich!

Es geht auch um die Fähigkeit, (die eigenen) Notwendigkeiten zu erkennen. Und das Vermögen, eine *Not zu wenden*: durch freiwillige Anteilnahme an vorhandenen Nöten.

Kündige unbegründeten Ansprüchen und fruchtlosen Verpflichtungen! Erfülle wertvolle Verpflichtungen mit leichtem Herzen!

LIEBE Auch die »Schwäche« hat ihren Wert. Nimm Rücksicht auf ein unterschiedliches Entwicklungstempo. Miss nicht Ungleiches mit Gleichem! Übernimm Mitverantwortung. Doch lass dich nicht in unproduktive Abhängigkeiten oder quälende Verpflichtungen treiben.

GLÜCK Fang an, deine Zerrissenheit oder deine Suche zu akzeptieren. Mach es dir bequem und richte dein Leben danach ein. Du *bist* berechtigt, glücklich zu sein. Fang an, gut zu dir zu sein. Pflege dich. Verwöhne dich und lass dich verwöhnen.

ERFOLG Vertraue auf das Glück der Freundschaft und auf den Segen der Zusammenarbeit. Trage dazu bei, unnötiges Leid zu beenden. Hilf, die Welt menschlicher, wirtlicher und komfortabler zu machen. Das tut gut und bringt großen Erfolg.

SECHS SCHEIBEN

Für dich fließen »Milch und Honig«. Das ist der *Honigmond* – der Himmel auf Erden.

Oder die andere Seite des Bildes: Eine Situation, worin die äußeren Errungenschaften, der äußere Kreis die inneren Bedürfnisse, den inneren Kreis nicht erreichen. Eine Phase des *Leerlaufs*. Die »Kupplung« ist ausgeschaltet. Es bewegt sich (zu) wenig, was den eigenen Bedürfnissen gerecht wird.

Der Wert des Eigenen ist aber am größten, wenn möglichst viele davon profitieren. In diesem Sinne besitzt du nur, was du weggibst.

LIEBE Für dich ist inneres Gleichgewicht sehr wichtig. Du schaffst eine Atmosphäre von Nähe und Austausch, in der sich die Unterschiede von groß und klein, stark und schwach verringern. Eine Situation, in der du auch schwach sein kannst, ohne damit Stärke zu provozieren (und das Gleiche umgekehrt), eine Situation schließlich, in der du ohne Skrupel oder Kniefall nehmen und empfangen kannst.

GLÜCK Die Freude am Geben: nicht dieses karitative Geben von Sachen, die du selbst nicht benötigst; nicht dieses verklärte Sich-Selbstaufgeben im vermeintlichen Dienst an einer Sache oder Idee; nein, dein eigenes Können, deine Vorstellung, wie es schön und gut wäre, zum Besten geben; deine Träume ernst nehmen und konkret etwas dafür tun.

ERFOLG Wenn du mit deinen Talenten Bedürfnisse erfüllst und mit deinen Bedürfnissen Talente weckst und förderst, entsteht jedes Mal ein *Zugewinn*. Dieser »Mehrwert«, diese Produktivität sind der Schlüssel für deine aktuellen Fragen. Achte darauf, nicht den Mangel zu verwalten, sondern einen Gewinn zu erzielen.

SIEBEN SCHEIBEN

Knack den Code! Jeder Sachverhalt, jedes Faktum, alle Daten erzählen eine Geschichte und besitzen eine Symbolik. Hier heißt es, Spuren suchen und Zeichen deuten. Manchmal geben auch Stolpersteine wichtige Hinweise. Suche und finde solange, bis sich dir der Sachverhalt offenbart.

Dabei geht es auch um deine eigene Bedeutung, um deinen Standpunkt! Zeige Verständnis für fremde Maßstäbe. Vertritt den Unterschied und den Wert deiner ureigenen Herangehensweise.

LIEBE Nutze die Besinnung, um auf den Punkt zu bringen, was für dich wesentlich ist. Es geht nur weiter zu Ergebnissen, die sich für dich lohnen, wenn du dich mit geltenden Beurteilungen auseinander setzt und eigene Maßstäbe in der Liebe findest.

GLÜCK Es gibt bestimmte Lebensrätsel und Aufgaben, deren Lösung du in dem Moment findest, in dem auch du *deine* Bedeutung, deinen persönlichen Sinn, deine Lebensaufgabe erkennst. Jede gelöste Aufgabe zeigt dir, dass du auf dem richtigen Weg bist, und auch ein *Fehlschlag* ist wertvoll, weil er klar macht, worin deine Aufgabe und deine Bestimmung *nicht* bestehen. Beides ist gut für dich.

ERFOLG Setze dich liebevoll und kritisch mit bestehenden Maßstäben auseinander. Du musst Spuren suchen und Zeichen deuten. Jeder Sachverhalt, alle Fakten erzählen eine Geschichte und besitzen eine Symbolik, die es zu studieren und zu deuten lohnt. Dabei geht es auch um deine eigene Bedeutung, um deinen Standpunkt und dein Eingreifen!

ACHT SCHEIBEN

Behagliche Meisterschaft: Jede Aufgabe, die du bewältigst, ist auch ein Spiegel der Arbeit an dir selbst. Je deutlicher du deine Begabungen und Begrenzungen herausarbeitest, umso mehr wirst du zum Meister oder zur Meisterin in eigener Sache.

In der *Vervielfältigung* des persönlichen Talents liegt deine Meisterschaft. Sorge für zahlreiche Ergebnisse, die deine Handschrift, deinen Zuschnitt tragen und in denen du dich wiedererkennen kannst.

LIEBE Achtsamkeit ist das Gebot der Stunde. Die Liebe ist mitunter ein zartes Pflänzchen. Nicht alles klappt sofort, sondern muss mit Geduld geübt werden. Aber das schadet nicht.

GLÜCK Du genießt das Leben. Du weißt, dass alles wichtig ist, nicht nur die Endprodukte, sondern auch die Begleitumstände. Du bist dein Chef. Du gehst Schritt für Schritt vor. Deine Arbeit hat einen Charakter von Wachsenlassen, und du wächst mit ihr. Das macht dein Wirken angenehm und schafft reiche Ergebnisse, die sich wirklich lohnen. Eine Situation von persönlichem Überfluss: nicht jener Protz- und Verschwendungsluxus, sondern ein Überfluss an Wohlbehagen, verwirklichten Ideen und befriedigten Wünschen, »vieles war nicht nötig/ und gerade das/ wäre das Nötigste gewesen« (Edith Vahrenhorst). Du verfügst über diese Kunst des Nötigsten.

ERFOLG Entspanne dich und bleibe wachsam. Verstehe die Botschaft »zwischen den Zeilen«. Sei bereit, Neues zu lernen. Achte darauf, andere nicht »von oben herab« zu belehren.

NEUN SCHEIBEN

Gewinn und blühende Talente. Liebe ist nicht nur ein Gefühl, sondern auch die optimale Umsetzung von Bedürfnissen und Talenten! Diese praktische, tägliche Liebe ist durch nichts zu ersetzen. Sie ist das »Extra« – der unvergleichliche Unterschied, den ein geliebtes Leben gegenüber einem freudlosen Alltag macht. Mitmenschlichkeit und »Gewinn« werden zwar häufig als gegensätzliche Prinzipien betrachtet, aber in Wirklichkeit bedingen sie einander. Liebe und Anteilnahme sind deine freie Wahl, eine Art, den Dingen des Lebens, den Ereignissen oder Aufgaben des Alltags zu begegnen; sie sind der größte Gewinn, und sie produzieren – auch materiell – insgesamt die größten Werte! Gib der Liebe neue Chancen.

LIEBE »Wer nichts weiß, liebt nichts, wer nichts tun kann, versteht nichts (...) aber wer versteht, der liebt, bemerkt und sieht auch« (Paracelsus). Du gewinnst diese sichere Gelassenheit, dass du weißt: Du wirst immer haben, was du brauchst. Sei mutig, springe über die Schatten der Kleinlichkeit und der Eifersucht.

GLÜCK Wenn du dir *und* deinen Mitmenschen in Achtung und Liebe begegnest, dann entsteht eine fruchtbare, angenehme Lebenssituation, in der jeder sein eigenes Reich bekommt – und in der du auch selber mit deinen Stärken und Schwächen, mit deinen Vor- und Nachteilen, kurzum, mit allem, was zu dir gehört, Heimat findest. Einen größeren »Gewinn« kannst du nicht erzielen, und eigentlich solltest du dich auch mit keinem geringeren zufrieden geben ...!

ERFOLG Erst durch den Schnitt kann die Rose ihre Schönheit entfalten: Konsequent verzichtest du auf unnötige Ideale, ungewollte Verpflichtungen und unverbindliche Experimente.

ZEHN SCHEIBEN

Alles ist da! Du musst es »nur« in dein Leben lassen. Erfahrungen von dir und anderen fließen zusammen zu einem größeren Ganzen. Du weißt, dass du nichts festhalten kannst, dass Veränderungen unvermeidlich sind und Möglichkeiten beinhalten. Du erkennst, wie dein Tun auf dem der Alten aufbaut und wie die Jungen es weiterführen. Ja, Zeit ist nur relativ. Du erkennst dich selbst zugleich in Altem und Neuem wieder. Keine Grenze, an der auf einmal Schluss ist. Nichts geht verloren. Nichts hält dich ab, zu leben und deinen Puls zu spüren, zu verweilen und zu gehen.

LIEBE Nicht nur für die engste Zweierbeziehung ist die Liebe der beste Maßstab. Sie ist es auch, die uns verlässliche Orientierung im Geflecht der täglichen Begegnungen und Ereignisse gibt. Riskiere also mehr Liebe und etwas weniger Exklusivität darin. Nimm dich vieler Menschen und vieler Begebenheiten tagtäglich in Liebe an.

GLÜCK Du findest dein Glück, befriedigende Beziehungen und dein Zuhause. Alles, was du brauchst, ist da. Seelischer und materieller Wohlstand. Eine bewegliche Ausgeglichenheit. Eine Fülle von Möglichkeiten und Anregungen. Ein Bezugsrahmen, der ein klares Umfeld absteckt und in dem sich zugleich das ganze Universum spiegelt. Die Erfahrung von Verwurzelung und Ankunft: Wo du beheimatet bist, kannst du dich fallen lassen. Und wo du dich fallen lässt, schaffst du dir Heimat.

ERFOLG Fördere die Talente bei möglichst vielen Menschen. Stelle dich den Aufgaben, die andere an dich herantragen – das wird auch dir großen Erfolg bringen.

Anmerkungen zu Aleister Crowley

Mit Leben und Werk von Aleister Crowley haben sich die Autoren intensiv beschäftigt und sind zu dem Schluss gekommen, dass sie – bis auf die Tarot-Karten – nicht der Mühe lohnen. Crowley war ein Aufschneider und Wichtigtuer, und es stellt vielleicht eine Ironie der Geschichte dar, dass sein Name heute besonders durch ein Werk, nämlich die Tarot-Karten, lebendig geblieben ist, an dem er nur einen geringen Teil besaß und das für ihn selber eher ein Abfallprodukt darstellte.

Der Lebensweg ist kurz umrissen: 1875 wurde Aleister Crowley in Leamington Spa, England, geboren. Er wuchs auf unter dem Einfluss einer extrem-bibeltreuen Sekte, der Plymouth Brethren. Seine ebenso fromme wie strenge Mutter gab ihm den Namen »die Bestie«, als er noch in jungen Jahren war. Später drehte er die rigide christliche Erziehung um, inszenierte sich als Schwarzmagier, als *das große Tier* oder *das große Biest*.

Doch was man aus Augenzeugenberichten nachvollziehen kann: Es war ein *Theater*, das stets nur einen kleinen Kreis von Anhängern in Bann schlug. Bei den vielen Extremen menschlichen Verhaltens, die im 20. Jahrhundert in so unerhörtem Ausmaß aufgetreten sind, ist Crowley keine besonders auffallende Erscheinung. Er war auch insgesamt nicht besonders erfolgreich. *Man muss ihn weder verherrlichen noch verteufeln.*

Allerdings ist sicher, dass Aleister Crowley nicht nur Kavaliersdelikte zu verbuchen und sich als Bürgerschreck profiliert hat, sondern dass er einige Menschen den Verstand und den Lebenswillen gekostet hat. Da hört jede »sympathy for the devil« auf.

Crowley starb 1947; über seinen Todesort gibt es unterschiedliche Angaben.

Trennung von Leben und Werk

Aleister Crowley's Leben ist zur Nachahmung kaum zu empfehlen. Doch die Karten, die er und vor allem Lady Frieda Harris entwickelt haben, gehören zu den besten in der Welt des Tarot. Und diese Karten kann man heute ohne jede Gefahr benutzen.

Der Grund dafür ist einfach. Es ist für unsere Gesellschaft üblich, zwischen Leben und Werk eines Künstlers zu trennen. Es gibt zahllose Kunstwerke von einiger Bedeutung, die von Menschen produziert wurden, die in ihrem Leben gescheitert sind und/oder ihr Leben in einer Weise gestaltet haben, die als absolut nicht vorbildlich bezeichnet werden kann. Würden wir diese Kunstwerke sämtlich ignorieren oder meiden, wären wir wesentlich ärmer.

Um ein Beispiel aus einem ganz anderen Bereich zu wählen: Kurt Tucholsky zählt zu den beliebtesten und ehrbarsten deutschen Schriftstellern. Und das, obwohl er im Alter von 45 Jahren Selbstmord beging. Sein Lebenswandel ist nicht empfehlenswert und auch nicht als Leitbild gedacht, wenn seine Gedichte oder Geschichten in großer Zahl in deutschen Schulbüchern abgedruckt werden. Im Übrigen hat Tucholsky selbstverständlich nichts mit Crowley gemeinsam. Aber dieses Recht, zwischen Person und Werk zu trennen, darf auch Crowley nicht vorenthalten werden.

Anmerkungen zur Astrologie

Erstmals in der zweiten Hälfte des 19. Jahrhunderts wurde die Verbindung von Tarot und Astrologie zum Thema (in Fachkreisen). Die entscheidende Arbeit leistete der »Golden Dawn«-Orden (eine Rosenkreuzer-Vereinigung in London um 1890). Darauf geht die Zuordnung von Tarot und Astrologie zurück, die sich auch im Crowley-Tarot wiederfindet. In der folgenden Tabelle finden Sie eine Übersicht (mehr Informationen bietet das »Große Arbeitsbuch zum Crowley-Tarot« von J. Fiebig/S. Peymann).

Welches Tierkreiszeichen interessiert Sie am meisten? Nehmen Sie die zugehörigen sechs Karten aus Ihrem Tarot-Spiel und betrachten Sie sie aufmerksam. Alle sechs zusammen ergeben *ein* Bild für das betreffende Tierkreiszeichen.

Die Zuordnung der Hofkarten: Die astrologischen Beschreibungen, die Crowley seinen Hofkarten beigegeben hat, ergeben folgende Entsprechungen:

Waite- und Marseiller Tarot:	Königin	König	Ritter	Page/Bube
	↕	↕	↕	↕
Crowley-Tarot:	Königin	Prinz	Ritter	Prinzessin

Datum	Tierkreiszeichen	Planet	typische Große Karte
21.3.–20.4.	Widder	Mars	IV – Der Kaiser
21.4.–20.5.	Stier	Venus	V – Der Hohepriester
21.5.–21.6.	Zwillinge	Merkur	VI – Die Liebenden
22.6.–22.7.	Krebs	Mond	VII – Der Wagen
23.7.–22.8.	Löwe	Sonne	XI – Lust
23.8.–22.9.	Jungfrau	Merkur	IX – Der Eremit
23.9.–22.10.	Waage	Venus	VIII – Ausgleichung
23.10.–21.11.	Skorpion	Pluto	XIII – Tod
22.11.–20.12.	Schütze	Jupiter	XIV – Kunst
21.12.–19.1.	Steinbock	Saturn	XV – Der Teufel
20.1.–18.2.	Wassermann	Uranus	XVII – Der Stern
19.2.–20.3.	Fische	Neptun	XVIII – Der Mond

Sechs Karten gehören zu jedem Tierkreiszeichen – zum Beispiel zur »Jungfrau« die Karten IX–Der Eremit, I–Der Magier, Ritter der Scheiben, Scheiben 8, 9, 10. Welche von den sog. Großen Karten den einzelnen Planeten zugeordnet sind, erkennen Sie an der letzten Spalte der Tabelle: Zum Mars gehört »Der Turm«, zur Venus »Die Kaiserin«, zum Merkur »Der Magier« etc.

entsprechende typische Hofkarte	zugehörige Zahlenkarten	ergänzende Große Karte
Stab-Königin	Stab 2-4	XVI – Der Turm
Prinz der Scheiben	Scheiben 5-7	III – Die Kaiserin
Schwert-Ritter	Schwert 8-10	I – Der Magier
Kelch-Königin	Kelch 2-4	II – Die Hohepriesterin
Prinz der Stäbe	Stab 5-7	XIX – Die Sonne
Ritter der Scheiben	Scheiben 8-10	I – Der Magier
Schwert-Königin	Schwert 2-4	III – Die Herrscherin
Prinz der Kelche	Kelch 5-7	XX – Das Äon
Stab-Ritter	Stab 8-10	X – Glück
Königin der Scheiben	Scheiben 2-4	XXI – Das Universum
Prinz der Schwerter	Schwert 5-7	XXII/0 – Der Narr
Kelch-Ritter	Kelch 8-10	XII – Der Gehängte

Anmerkung: Sonne und Mond gelten in den Begriffen der Astrologie auch als Planeten. Die Königin »regiert« jeweils in ihrer Farbreihe die kleinen Karten 2–4, der Prinz die Karten 5–7 und der Ritter 8–10.